Joachim Bessing

Hamburg. Sex City

Mit 26 Fotografien
von Christian Werner

Matthes & Seitz Berlin

Für Klaus

Denn einst bin ich schon ein Knabe gewesen
Und ein Mädchen, ein Busch
Und ein Vogel
Und ein aus dem Meer springender
Wandernder Fisch.

nach Empedokles

Beinahe meine ganze Jugend hindurch dachte ich, Hamburg liegt am Meer. Man kann sich das heute nicht mehr vorstellen, es scheint total verblödet, aber in dieser Ära, wo es nicht leicht möglich war, etwas aufzurufen, man sich also ein eigenes Bild machen musste, war Hamburg für mich ganz oben auf der Karte: einsam, einzig auch, und somit umtost von den Wellen des oder eines Ozeans.

Ich hatte die Zeitschrift *Tempo* im Abonnement, die kam aus Hamburg nach Heimerdingen. Das nahm natürlich ein Ende mit jener Nummer, auf der die splitternackte Brigitte Nielsen abgebildet war, vorne drauf, und die Schlagzeile hieß »Im Silicon Valley«.

Für diesen feinen Humor aus Hamburg – Nielsen hatte sich damals ihre Brüste aufpolstern lassen mit Implantaten aus Silikon (was übrigens nicht dasselbe meint wie das englische Silicon, aber dazu komme ich später noch) – hieß mich meine Mutter, dieses Abonnement umgehend zu kündigen, denn angeblich hatten die Nachbarn schon zu reden begonnen über mich, also ihren Sohn, der ja anscheinend ein Schwerenöter war – zumindest auf der schiefen Bahn befindlich.

Ja, ja: der Briefträger. So war das damals. So ging das zu.

Noch bis zu der Fahrt nach Hamburg, die wenige Monate später tatsächlich stattfand, stellte ich mir das Straßenbild dort mit Matrosen durchmischt vor. Die Stadt eher als Randgebiet eines gewaltigen Hafens, in dem es permanent und brunftig tutete. Schiffstaufen! Ich reiste mit einem Freund im Zug. Es war meine erste Reise in den Norden der BRD.

Arnobius hatte ich im Vorjahr auf einer vom ERD, dem Evangelischen Reisedienst, veranstalteten Fahrt zu den Ägadischen Inseln kennengelernt. Es sollten die ersten Ferien ohne meine Eltern sein, und gleich nach der tagelangen Busfahrt bis nach Palermo wäre mein Ausflug auch beinahe kanarienvogelhaft beendet worden, weil ich auf der Überfahrt beim Skateboarden derart heftig gegen die Reling des Oberdecks geschleudert worden war, dass ich für zwei Augenblicke, oder bloß einen, mehrere Stockwerke tief hinunter auf das von den Schiffsschrauben schaumig aufgewühlte Wasser der weindunklen See starrte, bevor mich vier Hände am T-Shirt packten und zurück ins Leben rissen – das heißt an Deck der Nachtfähre von Palermo nach Favignana – so hieß unsere Ferieninsel nämlich und eigentlich.

Ein ziemlich öder Ort übrigens. Mittlerweile betreibt der italienische Staat dort ein Hochsicherheitsgefängnis für Terroristen. Aufgrund ähnlicher Überlegungen hatte sich zu meiner Zeit der Evangelische Reisedienst für die Insel als Ferienort für alleinreisende Teenager entschieden: Es gab dort nichts, außer rötlichem Sand und einer ehemaligen Konservenfischfabrik. Umso intensiver beschäftigte man sich mit den Mitreisenden, von denen ich bei Antritt der Reise niemanden gekannt hatte. Durch zwei neue Freunde, die mir auf der Fähre das Leben gerettet hatten, lernte ich noch weitere Stadtkinder kennen und es kam zu einem veritablen Kulturaustausch, der freilich recht einseitig war, denn aus der ländlichen Kultur stammend, hatte ich den Bewohnern der Landeshauptstadt kaum etwas entgegenzubringen. Als einer meiner Lebensretter mir wenige Wochen nach unserer Heimkehr das Angebot machte, ihn auf einer Reise zu seinen in Hamburg lebenden Verwandten zu begleiten, nahm ich natürlich an. Von der Fahrt dorthin, die im Vorläufer des Intercity-Express, dem Intercity, stattfand und von Hauptbahnhof zu Hauptbahnhof etwa zehn Stunden dauern sollte, habe ich nicht allzu viele Details in Erinnerung behalten können, was maßgeblich dem Konsum von Apfelkorn zuzuschreiben ist; ein für mich ungewohntes, weil großstädtisches Ritual, infolgedessen ich den überwiegenden Teil der Fahrtzeit, bald nach dem Überqueren der baden-württembergischen Landesgrenze, in der Toilettenkabine unseres Waggons verbrachte. Noch heute wird mir ganz anders, wenn ich durch Milchglasscheiben einen sich unerbittlich dahinziehenden Streifen Grün mit reichlich Grauem darüber betrachten soll. Ein hervorragendes Beispiel für die gelungene Monumentalisierung dieser Ödnis norddeutscher Landschaften ist »Rhein II« von Andreas Gursky.

Als ich meinen Weg zurück in das Abteil zu meinem Kameraden gefunden hatte, war draußen -- wie lange schon? seit Stunden sicherlich – ein Flachland ausgebreitet worden. Feucht und apathisch, wie tot. So hatte ich mir Norddeutschland immer vorgestellt, und so sah es auch in Wirklichkeit aus. Eine ideale Kulisse für mein Gefühlsleben. Es war 1987, ich setzte die Kopfhörer auf und hörte *Kiss Me Kiss Me Kiss Me*.

In Hamburg bezogen wir ein Mehrbettzimmer auf dem Stintfang, so nannte sich die Jugendherberge mit Blick auf den Hafen. Direkt dort unten, das Gebäude war auf einer Anhöhe errichtet worden, waren die Landungsbrücken von St. Pauli zu sehen. Das sagt sich leicht, es geht einem leicht von der Zunge, wie es heißt, dabei weiß doch kaum jemand, was eine Landungsbrücke ist. Wozu sie da ist, gemacht wurde. Wie sich bald schon, in meinem persönlichen Fall im Verlauf von neun ereignisreichen Jahren, nicht den ereignisreichsten in meinem Leben, aber da es die ersten waren, hat es gereicht, herausstellen sollte, war Hamburg, die Stadt, die nicht am Meer lag, sondern an einem Zubringer des Meeres namens Elbe, voll von diesen Dingen, die einem leicht und gern von der Zunge gingen, bei denen aber niemand so genau wusste, was damit gemeint war. Grob gesagt ist Hamburg für das schwäbische Ohr aus lauter kuriosen Namen gemacht. Am Stintfang wurden vielleicht früher einmal Fische gefangen. Aber wer war der Große Burstah?

Von all diesen Feinheiten einer maritimen Lebensweise war ich im Strohgäu zwar nicht auf die denkbar fernste Weise aufgewachsen, denn immerhin gab es auf dem Heimerdinger Friedhof das Grab eines Matrosen, von dem zumindest ein an die Innenseite der Friedhofsmauer gelehnter Grabstein übrig geblieben war, auf dem unter einer leuchtend grünen Schicht von Moos, die genauso gut auch von Algen hätte sein können, das Relief eines Ankers mit dem Ankerseil, das ihn umspielte wie eine Äskulapnatter, eingearbeitet war. Mehr dergleichen gab es aber nicht. Es wurde auch von uns daheim kaum Fisch verzehrt, eigentlich bloß mittwochs und dann Makrelen aus Konserven. Meine Neugierde auf hanseatische Spezialitäten war zwar nicht enorm, aber spürbar da.

Aber anders, als ich es aus meinen Ferien in der Bretagne kannte, hatten die Landungsbrücken von St. Pauli überhaupt kein kulinarisches Flair, es gab keinerlei Hinweise auf eine lebendige Kultur des Fischfangs für den Lebensunterhalt der Stadtbevölkerung. Die angebotenen Hafenrundfahrten erschienen überteuert angesichts dieses Industriehafens an den Ufern eines sich bis zum trüben Horizont dahinwälzenden Elbstroms, der nun mal eher lang als breit geschwollen schien – naturgemäß, wie Thomas Bernhard geschrieben hätte. So anheimelnd wie die von ihm vertretene Weltsicht erschien mir Hamburg vom Hügel des Stintfang aus und auch noch von weiter unten, von den Landungsbrücken her besehen. Wie genau dann die Idee zustande gekommen war, sich im Freihafen umzuschauen, konnte ich schon Stunden später nicht mehr nachvollziehen – weil das Wort frei darin vorkam?

Dort drüben gab es noch weniger zu sehen. Aber immerhin hatte man vom anderen Ufer der Elbe eine schöne Aussicht auf die Stadt. »Kommen sie rein, können sie rausgucken«, hätte mein Vater gesagt. In einem toten Winkel des Hafens, dort, wo einst die Elbphilharmonie errichtet werden würde, lag ein großes Schiff vor Anker. Es sah exakt so aus, wie ich mir die Schiffe im Hafen von Hamburg vorgestellt hatte. Ein veritabler Pott. Er war total verrostet. Sein Name stand auf einem der wenigen Reste ursprünglicher Schiffsfarbe, die noch nicht vom Rost aufgefressen waren: Cap San Diego.

Ich kontemplierte den Farbton der Kirchturmdächer, das warme Braun der Klinkerbauten und die Farbe des Himmels. Sie ähnelte der Farbe des Rheins bei Gursky. Allerdings ohne dessen Ahnung einer Silbrigkeit. Ein unendliches, von seinen Proportionen her zu weit oder breit auf mich wirkendes Grau. Kaum strukturiert. Geradezu stumpf. Der Raum über der Himmelsdecke schien sehr viel tiefer als der von dort aus bis zu uns herunterreichende Luftraum. Als ob dort über dem Grau der eigentliche Raum sich befände; der, um den es eigentlich geht. Mir schien, dass alles, was eine Farbe besessen hatte, dort an der Hamburger Decke aufgelöst wurde in ein unendliches Grau. Und von daher das Leuchten. Ein spezielles Licht, wie kurz vor einem schweren Gewitter, brachte die goldene Uhr an einem Kirchturm zum Leuchten wie eine zarte Einlegearbeit. Die Patina auf den Dächern – spitzförmige, auch gewölbte dazwischen – gloste grünlich. Ungut war der Effekt des Hamburger Himmels auf das Fassadenweiß: Es wirkte vergraut. Auch insgesamt betrachtet, von der anderen Seite des Elbufers aus, wirkte diese Stadt auf mich abweisend, dadurch auch herrschaftlich, wenn auch ganz anders als von mir erwartet. Leicht kaputt, auch angegammelt, trotzdem seriös.

Mein Freund indes fand die hiesige Seite pittoresk. Seit einiger Zeit besaß er einen eindrucksvollen Fotoapparat, eine Kamera, wie er sagte, mit der er keine Bilder machte oder »Fotos«, wie mein Vater, sondern: Aufnahmen. Die waren schon von den Motiven her ein anderer Schnack. Beispielsweise wurden korrodierte Oberflächen abgelichtet, die dann später auf dem Fotopapier wie Landschaften nach dem Säureregen oder nach der Neutronenbombe anmuteten. Vorhin, als wir vom anderen Ufer aus unter dem Fluss durch einen Tunnel auf diese Seite gewandert waren, war es natürlich die gekachelte Wandung der Tunnelröhre gewesen, die er seiner Kamera einverleiben musste. Das trübe Licht aus den Neonröhren hatte den Gilb der Wandfliesen für meinen Geschmack ungut herausgebracht. Aber ihm war der sogenannte Siff gerade recht erschienen. Seine Aufnahmen vergrößerte er schwarzweiß auf teuerstes Barytpapier, das war allgemein bekannt und beileibe nicht der einzige Grund, weshalb man ihn, und er sich, Krösus nannte.

Vor kurzem hatte Krösus mich als Fotomodell entdeckt, das war an einem Abend im Garten hinter dem Jugendhaus von Degerloch gewesen, wo er mir von einem Assistenten handvollweise Mehl ins vorher nassgemachte Gesicht pfeffern ließ. Der Assistent hatte mir zuvor den Mund mit Lippenstift geschminkt wie bei Robert Smith, meinem singenden Abgott. Das Haar, damals noch verblüffend voll und lang gewachsen, stand mir ohnehin in viele Richtungen wie zeigend vom Kopf ab. Die Nahaufnahmen meines Gesichts vor nächtlichem Schwarz waren beeindruckend expressiv herausgekommen. Wie auf dem Cover von *Press The Eject And Give Me The Tape*.

Hier, in der industriell abgewrackten Einöde des Freihafengeländes, fand sich der Künstler offenbar inspiriert zu einigen Aufnahmen, bei denen ich ihm Modell stehen sollte. Das Zusammensetzen der Kamera mit ihren kostbaren Objektiven und das Einlegen des ekelhaft teuren Filmmaterials, das obendrein noch extrem lichtempfindlich war, hatte sich erledigt während meiner Kontemplation des uferlosen Himmels über der Stadt. Jetzt sollte ich tun, was allen Fotografen, denen ich im weiteren Verlauf meines Lebens noch begegnen sollte, lieb gewesen wäre: Einfach so bleiben, wie ich war.

Beim Posieren fiel uns ein Stapel mit Kartons auf, die mit russischen Schriftzeichen bestempelt waren. Als Kinder der Achtzigerjahre waren wir auf russische Schriftzeichen fixiert. Wie oft waren wir von der Zeitschrift *Tempo* aus Hamburg oder von der auch für ihr ungewöhnliches Format geschätzten Zeitschrift *Der Manipulator* mit russischen Schriftzeichen penetriert worden – einfach so und ohne dass wir sie dafür eigens hätten entziffern können müssen, als Code; Kyrillisches als Garnitur einer grafischen Gestaltung, die in der zeitgenössischen Welt der Magazine die Avant-garde vom Mainstream schied. Auch sonst trug man immer irgendwo einen dekorativen Lenin-Button – die Betonung liegt dabei auf dem Irgendwo. Oder einen Anstecker, der ursprünglich an eine Raketenparade in Moskau erinnern sollte – all diejenigen jedenfalls, die lesen konnten, was unter den konstruktivistisch dargestellten Spargelköpfen in Emaille geschrieben stand. Jedenfalls ließen wir, also ich vor allem, Krösus hatte ja schon an der Umhängetasche mit seiner Kameraausrüstung zu tragen, eins dieser kyrillischen Objekte mitgehen auf unserem weiteren Weg der Motivsuche in dieser sandigen Ödnis, *In The Flat Field,* die uns jetzt freilich noch mehr als zuvor an den von uns verehrten Film *Stalker* erinnerte, den wir in einer Spätvorstellung des kommunalen Kinos im Planetarium gezeigt bekommen hatten. Im Original mit Untertiteln. Ähnlich mutete bald schon die Szene an, in der sich in einer Staubwolke zwei Gestalten näherten. Sie stoben quer über das freie Gelände auf uns zu. Unverständliches rufend. Nachdem wir, jeder für sich, aber auch schon gemeinsam, einige wenige, aber dafür umso nachdrücklichere Erfahrungen mit Erwachsenen und ihren Drohgebärden gemacht hatten, rannten wir sofort los. Und zwar, die Auswahl war ja nach vorne hin durch das Wasser begrenzt, in die andere Richtung. Von dort nahte bald mit der Überlegenheit einer Maschine ein langsam fahrender Polizeiwagen. Uns

Flüchtenden zu Fuß entzog dieser Anblick sämtliche Energie. Wir ergaben uns. Wie aus Filmen bekannt. Der Karton ging dabei zu Boden.

Die zwiespältige Definition des Polizisten als Freund und Helfer bewahrte uns vor dem Furor der Hafenarbeiter, deren Anhörung in einigem Abstand stattfand, während wir schon auf dem Rücksitz des Mercedes Platz nehmen durften. Die Fahrt führte dann zu einem Polizeigebäude auf dem Hafengelände. Wir verbrachten sie schweigend. Das Schuldgefühl braucht ja eine Weile, bis es sich aus seinem Etui befreien und entfalten kann.

In meiner damaligen Weltsicht wurden Polizisten irgendwo in der BRD zentral ausgebildet und dann in ihre Einsatzgebiete entsandt. Vermutlich ging es in meinem weltwissenschaftlichen Apparat damals sogar so zu, als ob Polizisten an diesem Ort industriell hergestellt und von dort aus an ihre Einsatzorte versandt wurden. Dass es sich um Mitmenschen in Uniform handelte, diese Einsicht wurde mir vor allem durch die Uniform selbst verstellt. Trotzdem waren die Beamten der Hansestadt die ersten echten Hamburger, die wir auf unserem Ausflug kennenlernten. Nachdem sie uns eine Stunde lang in Einzelzellen hatten schmoren lassen, wurden wir an getrennten Schreibtischen zum Tatvorwurf verhört. Hier kam dann auch das Regionale heraus. Unsere Herkunft sorgte bei diesen Hamburgern, die vielleicht sogar Eingeborene waren, für einige Heiterkeit. Dass Scherzworte durch den Raum gerufen wurden, so weit kam es zwar nicht, aber dass Krösus mit Nachnamen Hämmerle hieß, das fand man gut. Auch um uns dann, in dieser einseitig gelösten Atmosphäre, darüber aufzuklären, worum es sich bei dem Inhalt des kyrillischen Kartons handelte. Bevor wir in die Zellen gesperrt wurden, erklärte man uns in ernsthaftem Ton, dass es sich eventuell um technische Bauteile handele, von daher möglicherweise der Tatbestand der versuchten Industriespionage im zollfreien Raum vorliege. Über diese Möglichkeit, bestraft zu werden, eventuell vor Ort, im Herkunftsland selbst, in der Sowjetunion, wo Sibirien Standard war, hatte ich während meines Aufenthaltes in der Einzelzelle unter dem Schirm meines vollends entfalteten Schuldgefühls kontempliert.

In dem Karton waren sechzehn Dosen Krabbenfleisch aus Kamtschatka.

Mit dem versuchten Diebstahl, wie die Anschuldigung nun offiziell lautete, hatten wir unser Aufenthaltsrecht auf dem Gebiet des Freihafens verwirkt. Mit dem Polizeiauto wurden wir durch den Elbtunnel zurück auf die andere Seite gebracht. Unser Gepäck stand in der Jugendherberge schon zur Abholung bereit. Während wir in unseren Zellen auf den Pritschen gelegen hatten, war unser Zimmer in der Jugendherberge von Polizisten durchsucht worden. Wohl, um dem anfänglichen Verdacht der versuchten Industriespionage nachzugehen. So liberal sich Hamburg gab: Nun wollte man uns selbst im Stintfang nicht mehr dulden oder wie es im Hamburgischen hieß: leiden mögen. Auch der geplante Besuch bei den Verwandten im Elbvorort musste ausfallen – das einstweilige Urteil des Polizeikommandanten lautete: Stadtverweis. Die Polizisten fuhren uns nach der Gepäckaufnahme zum Hauptbahnhof und warteten auf dem Bahnsteig bis zur Abfahrt unseres Zuges. Die Fahrt heim in den Süden geriet freilich ganz anders als unsere Hinfahrt kurz zuvor. Wir waren ja um Jahre gealtert. Im Vergleich zu mir hatte Krösus aber einen Vorteil: Er brachte Aufnahmen mit. Noch wussten wir nicht, was darauf zu sehen war.

Wochen später, ich kontemplierte gerade etwas gänzlich anderer Natur, wurde ich von meinem Vater bei meinem Vornamen gerufen: Ein Brief der Staatsanwaltschaft der Freien und Hansestadt Hamburg, Postleitzahl 2000, war eingetroffen. Darin wurde das peinliche Erlebnis, über das ich meine Kummer gewohnten Eltern liebend gerne in Unkenntnis gelassen hätte, von offizieller Seite kundgetan. Die Anklage wurde fallengelassen. Eine Eintragung in mein polizeiliches Führungszeugnis fand nicht statt. Und trotzdem.

Schimpf und Schande!

Demonstrativ kündigte ich mein Abonnement der Zeitschrift aus Hamburg. Deren Werbespruch war »Anything Goes« gewesen. Gemeint war damit die sogenannte Postmoderne in den Achtzigerjahren, offenbar vor allem als ein architektonischer Stil, an den in Deutschland heute prominent die Staatsgalerie Stuttgart von James Sterling erinnert, die Bundeskunsthalle von Gustav Peichl in Bonn, der Messeturm von Helmut Jahn in Frankfurt am Main und *disturbingly late to the party*: das abstruse Kanzleramt zu Berlin. In Hamburg selbst hingegen, wo mit *Tempo* das Zentralorgan einer nicht allein die Architektur, sondern alles durchdringenden postmodernen Bewegung für den deutschsprachigen Raum publiziert wurde, gab und gibt es überhaupt kein einziges Bauwerk im postmodernen Stil. Was daran liegen könnte, dass dem Hamburgischen an sich das Spielerische und Verspielte doch eher fernliegt. Dem Österreicher hingegen, speziell dem aus Wien, kann es gar nicht spielerisch und dabei auch noch verspielt genug zugehen auf seiner Welt. Dass der erste Chefredakteur des Zentralorgans der bundesdeutschen Postmoderne, der ein Wiener war, sich ausgerechnet das sachliche Hamburg als Sitz für seine Redaktion aussuchte, kann mit seiner Suche nach dem größtmöglichen Reibungspotenzial für seinen Hitzkopf erklärt werden. Hier, umgeben von den Gärten in ewigem *British Racing Green* und ihren muschelhellen »Patriziervillen« am Ufer des Alstersees, mit der schönen Modeschöpferin Jil Sander als Nachbarin und einem unnachahmlich feuchten Klima, das schon seit Jahrhunderten auf wunderbare Weise mit den samtigen Rasenflächen und den blickdichten Schleppen der Trauerweiden harmoniert, konnte er sich ein barock verspieltes Hamburg aus den Fingern saugen, wie es wienerischer gar nicht vorstellbar war. Für die übrigen Journalisten der Medienstadt Hamburg, die sich gedanklich allenfalls vom Fleet an die Fleet Street bewegten, aber dabei – Kaufmannsehrenwort – ständig an die Kasse der Verleger dachten, schien er durch seine aufreizende Serie von Vertrauensbrüchen bis zur Unberührbarkeit kontaminiert. Was in Hamburg aber auch nicht weiter tragisch war, denn hinter dem Tor zur Welt gab es inlands gleich mehrere Welten, die im Kosmos der Hansestadt mehr gleichgültig denn harmonisch aneinander gewöhnt waren. Was Jäcki am Gänsemarkt noch so Irrsinniges widerfahren war, hatte immer auch zeitgleich stattgefunden mit dem behaglichen Verspeisen eines warmen Franzbrötchens vor dem morgendlichen Ausritt im Jenischpark und dem Umfallen eines Sacks Kakaobohnen in der Speicherstadt. Bloß dass halt am Gänsemarkt mittlerweile eine Werbeagentur residierte. Dass dort Franzbrötchen aus der gegenüberliegenden

Stadtbäckerei schnabuliert wurden, darf nicht gänzlich in Abrede gestellt werden. Aber die Penner und die Nachtschwärmer, die Künstler und so weiter, es gab sie noch immer. Man war halt vom Gänsemarkt aus neunundachtzig bis einhundertundzwei Schritte über den Stephansplatz und auf dem Gorch-Fock-Wall an der Musikhalle und am Justizgebäude vorbei bis durchs Millerntor weitergezogen, von wo aus sich bis zum westwärts gelegenen Nobistor zu beiden Seiten der alten Reeperbahn das Hafenviertel St. Pauli ausgebreitet fand wie eh und je zu Starclub-Zeiten. Seit Neustem aber, eigentlich seit Erfindung der Pornofilme auf Videokassette, aber besonders derbe – wie es dort hieß – seitdem das Virus umging, die Schwulenpest, die Freierseuche, Needle Sharing, Aids, befand sich die Infrastruktur einmal mehr mitten in einem ultraregionalen Strukturwandel. In die leerstehenden Pornokinos und Animierbars und Nachtclubs für erotisches Cabaret, in denen anhaltende Flaute geherrscht hatte, zogen nun, wie Einsiedlerkrebse in Muscheln, Bars und Nightsclubs ein – von der Strategie her waren das meistens Pop-ups – die, wie es auf St. Pauli seit Urvätern Sitte war, erst kurz vor Mitternacht ihr Publikum fanden – dafür blieben die Mädels und Jungs auch gerne bis in die sogenannten Puppen und zechten *by the pail.* An den Tresen und in den Plüschecken saßen jetzt nicht mehr bloß traurige

Männer und warteten auf Liebe an sich, es mischten sich Alstervilla und Hafenstraße mit Altbau-WG im Hochparterre. Wer in der Gesellschaft der Hansestadt gegen den Kaufmannskodex verstieß, wurde zwar vom Rasen gebeten, fand aber mildtätige Aufnahme im den Zuhälterkodex befolgenden verschworenen Gestrüpp des Nachtlebens. Gleichwie taxiert befand sich also alles wohl in benachbarten Sphären, unter einem weiten Himmel über der Stadt. So konnte es dann schließlich auch dazu kommen, dass ich, ein heuriges Häsle, dort dem Großen Burstah in die Fänge geriet.

Wie hat sich diese Begegnung abgespielt – so wie bei Moriarty und Holmes?

Nein, natürlich nicht.

6000 Fuß jenseits von Mensch und Zeit: Als ich wieder nach Hamburg kam, war das keine Rückkehr für mich, es war auch kein zweites Mal. Die Achtzigerjahre waren vorbei. Eine ganze Kindheit war vorbei. Wie versunken. Aber noch nicht ganz, ein Zipfel schaute noch aus der See, die längst wieder glatt wie ein Spiegel hinter mir lag.

Als ich, ein junger Mann, ein Nobody, in dieser Silvesternacht am Anfang der Neunzigerjahre nach Hamburg kam, wusste ich natürlich erstens nicht, dass ich einst neun Jahre hier gelebt haben würde. Und zweitens konnte mir damals, während vor den zugefrorenen Scheiben die ersten Goldregen durch die Dunkelheit pfiffen, bloß ganz zart erst schwanen, dass ich hier in Hamburg auch die Liebe erleben dürfte. Die Liebe, *l'amour,* das einzig Wahre. Der Schatz des Herzens in seiner postmodernen Form, aus Tragödie und Farce zusammengewürfelt.

Weiße Neger

Wir waren mit dem Auto gekommen. Zu viert im Golf. Das silberfarbene Cabrio mit schwarzem Verdeck war der Zweitwagen der Familie, den fuhr die Mutter. Nachts fuhren wir alle die Autos unserer Mütter.

Ursprünglich hatte der Plan so gelautet, dass man spontan nach Stralsund hochreitet und dort das Silvesterfest feiert. Warum Stralsund? Ganz einfach, weil es eine Stadt war mit einem sehr schönen Namen. Verheißungsvoll. Wie in einem Lautgedicht. Aber ob das überhaupt eine richtige Stadt war, wie Stuttgart, oder eher ein Städtchen? Die märchenhafte Provinz war bei uns schon seit einiger Zeit wieder in Mode gekommen, nicht ständig, aber als Abwechslung, weil man dort sogenannte Spießer nebst ihren Moden beobachten konnte, für die wiederum junge Menschen aus der Stadt ein unwiderstehliches Anglotz-Potenzial mit sich brachten. Und das zeichnete den Spießer ja zunächst aus: Er glotzt viel. Ob er das auch gerne tat, war vollkommen egal. Völlig klar hingegen, dass es sich bei Stralsund vom Flair her um etwas handeln könnte wie Baden-Baden, bloß halt mit Küste. Ein veritables Seebad! Vielleicht wie Blackpool, wo ja trotzdem sehr gute Bands herkamen. Zum Beispiel The Cure. Robert Smith hatte es zu diesem Zeitpunkt zwar noch keiner der mir bekannten Informationsquellen gegenüber zu Protokoll gegeben, aber ich sah mich durchaus in der Lage, von meinen Erfahrungen einer Kindheit in der Provinz zu extrapolieren: Die Reizarmut, beziehungsweise eine Überfülle von Reizen einer ganz anderen Art als den erwünschten, erzeugte in der kindlichen Petrischale eine potente Nährflüssigkeit für Fantasie.

Die Kassetten mit Television Personalities und Velvet Underground, die zur Einstimmung gehört wurden, drangen kaum durch das Knattern des Verdecks. Als wir die Abzweigung auf das ehemalige Gebiet der ehemaligen DDR genommen hatten, kam noch einmal Euphorie auf, wobei es schon auch komisch war, dass außer uns kaum andere Fahrzeuge unterwegs waren an diesem Abend. Allerdings wurde der Straßenbelag zunehmend schlechter, was sich wiederum positiv auswirken sollte auf die Vernehmbarkeit der Kassettenmusik. Zudem verfeinert sich der Hörsinn in der Dunkelheit. In Schleichfahrt erreichten wir die Promenade am Meer. Schwarze Wellen, schwarze Fenster. Stralsund war menschenleer. Soweit man erkennen konnte, gab es zwar entlang der Strandpromenade eine Architektur, die an die Szenerie von Blackpool denken ließ – aber viel mehr noch an die von East

Kilbride in Schottland, dem Geburtsort der Gebrüder Reid. The Jesus and Mary Chain waren eine ausgezeichnete Band, aber selbst wenn es in Stralsund etwas von ebenbürtigem Potenzial gegeben haben sollte, ließ es sich am letzten Abend des Jahres 1992 nicht sehen. Die Reid-Brüder hatten bis zum Durchbruch in einer Käsefabrik arbeiten müssen. Vom schottischen Käse wusste man nichts.

Da wir unter dem für einen Silvesterabend charakteristischen Zeitdruck standen, fiel die Entscheidung, nach Hamburg weiterzufahren, eher spontan. Zur Wahl gestanden hatte außerdem noch das angeblich Stralsund benachbarte Kühlungsborn. Doch Axels Argument »Auch ein hübscher Name, als Seebad beinahe unbekannt« konnte, an der tristen Realität der Strandpromenade von Stralsund vorgetragen, nicht verfangen. Wie im Grunde wir alle hatte sich Axel in den vergangenen Jahren mit Kunst beschäftigt. Als Gründungsmitglied unserer Künstlergruppe *Schleifschnecke* hatte er zusammen mit Luke, den ich Lukullus nannte, und einem ominösen Dritten die Sparte Lautgedicht verkörpert. Ihre Formation nannte sich Katapult I Lem. Die mit reichlich russischen Buchstaben garnierte Gestaltung der Flyer taucht auf vor dem inneren Auge. Die Aktivitäten der Schleifschnecke waren durch Wegzug in andere Städte zum Erliegen gekommen. Da Lukullus zu dem Silvesterfest in Hamburg eingeladen hatte, kam es zu einem unverhofften Wiedersehen.

Man konnte jemanden damals, in der Ära zwischen Anrufbeantworter und Mobiltelefon, noch wirklich überraschen. Man wurde freilich auch selbst noch wirklich überrascht und musste das nicht spielen. Der Gesichtsausdruck, den ein wirklich überraschter Mensch zeigt, ist mir bis heute kostbar und köstlich zugleich. Vermutlich weil dieser Anblick so bald so selten werden sollte, ist er mir im Gedächtnis lebendig geblieben. Dazu der Lichtschein hinter einer Tür, die erst einen Spalt weit offensteht, sodass darin das wie spaltbreite Gesicht des überraschten Menschen steht wie aufgegangen – vor Überraschtheit leuchtend, von innen her – und dahinter die weiße Wand einer Altbauwohnung, wo nacktes Licht, ein einziges Gleißen, von der hohen Decke fällt bis auf das honigfarbene Parkett. In Jeans und in marineblauem Troyer. So ungefähr hatte ich mir ein Leben als Erwachsener vorgestellt, und hier hatte ich es jetzt fertig vor mir, als Bild.

Der große Raum, in meiner Erinnerung finde ich nur wenige andere Gäste, war von seinen Möbeln befreit worden, man durfte aufatmen. Man befand sich dort in der Sphäre von Jeremias, der sich jetzt Xerxes nannte und seit neuestem wohl auch nicht mehr bloß Musiktheoretiker war, sondern DJ. Einzig die Wahl seines Brillengestells à la Malcolm X verwies noch auf seinen theoretischen Kern. Dem Trend zum nahtlosen Mix folgte er nicht, er ließ die einzelnen Stücke auslaufen, als wollte er sich selbst nicht ins Wort fallen. Für diese Vortragsweise hätte ihm ein einzelner Plattenspieler genügen dürfen, aber er bediente sich des silbrigen Standards unserer Ära zwischen Top Hits und Streaming: zwei Technics, ein Mischpult, vulgäre Boxen. *Black Noise* war die Musik der Stunde. Eine elektronische Abart des Reggae mit Sprechgesang im jamaikanischen Dialekt. Bei dem es sich freilich um eine eigenständige Sprache handeln würde, wie Serafin mir beipulte, wie es im Hamburger Dialekt so malerisch hieß. Serafin lebte ja schon einige Zeit hier in der Stadt und war von Xerxes anhand diverser Anlässe eindringlich belehrt worden über die Eigenheiten des Raggamuffin genannten karibischen Pop. Da blieb einem im Grunde bloß freundlich zu nicken, im Zweifel im Takt. Drüben bei den Fenstern sah ich die einzige Tänzerin im Raum, Elektra, die ihren Körper schlängelnd bewegte. Sie hatte sich ihr wundervolles Haar kurz schneiden lassen und mit Wasserstoffperoxid gebleicht.

Ich hatte mit ihr noch nie zuvor ein Wort gewechselt, Elektra immer nur am Rande nächtlicher Szenen in Gesellschaft junger Männer erlebt, die stets von ihm, ihrem Xerxes, dominiert worden waren. Dabei war der an sich keine besonders auffällige Erscheinung, ging den meisten bloß bis zur Schulter. Dafür war er ein druckvoller Redner. Vor allem war er, wie man es mittlerweile nennt: meinungsfreudig. Ich hatte jedenfalls schon jede Menge Diskussionen bezeugen dürfen, ob auf dem Vorplatz lagernd vor dem Roxy, in sommerlichen Nächten wochentags auch gerne auf dem Trottoir in der Lautenschlagerstraße, rings um den Palast der Republik, wo selbst die Diskussionsteilnehmer mit den einleuchtenderen Argumenten von Xerxes einfach niedergeredet worden waren oder halt ausgebuht. Kam er argumentativ nicht weiter, zückte er das ideologische Schwert gegen die Goldwaage. Ein schwer unterhaltsamer Zeitgenosse also. Wo der sich pflockhaft in den Boden rammte, war sofort Akademie.

Das kam natürlich nicht gut an in der Hamburger Gesellschaft, wie Serafin mir anderntags beim Spaziergang durch die Knallkörperwüste sagte. Gemeint war hierbei die Gesellschaft am Hamburger Berg, einer Straße, die keinerlei Steigung aufwies – o Wunder dieser Straßennamen! Insbesondere vor und in der hier ansässigen Nachtbar Sorgenbrecher ließ Xerxes sich, wie er es nannte »lustvoll in Diskurse wickeln«. Das bedeutete: Er mischte sich ungefragt bei allen ein, um denen wiederum, die ihn ja gar nicht erst um seine Meinung gebeten hatten, lautstark diese zu verkünden. Das kannten wir von ihm zwar aus der Heimat, doch müsste man hier, selbst in der Nachtbar, die um einiges empfindlicher eingestellte Gesinnung der Hamburger berücksichtigen, sagte Serafin. Schon aus Respekt. Schließlich war man selbst eingewandert und beabsichtigte, sich einzugemeinden. Ein Lokalverbot für alle Schwaben, wie von einigen Stammgästen des Sorgenbrecher gefordert, darunter illustre Persönlichkeiten wie der Sänger Schorsch Kamerun, der Sänger Rocko Schamoni und ein Sänger, dessen Künstlername Serafin gerade nicht einfallen wollte, der aber laut *Spex* stark im Kommen war, konnte nicht verhängt werden, da Sorgenbrecher und die vis-à-vis gelegene Diskothek Tempelhof vom selben Duo zweier Gastronomen betrieben wurde, von denen der eine, ein Wiener, vor allem am Gast im Menschen interessiert war, und sein Kompagnon, ein Schotte, sämtliche Gäste als Witzfiguren betrachtete. Gleichgültig, woher sie stammten. Sogar Schotten.

Da Xerxes im Tempelhof Platten auflegte und wenige Parallelstraßen weiter in Richtung Millerntor wohnte, gehörte der den sogenannten Abend beschließende Besuch dort im Diskursstüble Zum Sorgenbrecher zur Trias seines Bermudadreiecks. Und nicht nur seines: So war seine Beziehung zu Elektra bald nach dem Umzug hierher zerbrochen, weil sie eine Liebesgeschichte mit Lukullus angefangen hatte, die sich doch als tiefergehend herausgestellt hatte, als Xerxes selbst das hatte wahrhaben wollen. Als es ihm aber klar geworden war, setzte er sofort alles daran, sie zurückzugewinnen. Seitdem lebten sie angeblich die Libertinage. Dass diese drei für die wohl aufreibendste aller Konstellationen überhaupt Energie besaßen, war allerdings erstaunlich, wenn man sich ihr Pensum vor Augen hielt – sagte Serafin, der im Übrigen in Bälde bei Xerxes einziehen würde, weil in dessen Wohngemeinschaft ein Zimmer frei wurde. Mit Hochbett zwar, dafür mit Heizung. Teurer auch, leider, aber dafür halt eine echte Warmmiete. Die preiswerte Wohnung von Lukullus, in der er derzeit noch das vierte Zimmer ganz hinten bewohnte, sei ihm erheblich zu kalt. Vor Jahren hatten dort ein paar Generationen lang Tauben im Kamin ihre Nester gebaut, woraufhin die sehr große und sehr schöne Wohnung leider unbeheizbar geworden war. Was stimmte, Axel hatte mir gegenüber in der Frühe geklagt, dass er im Schlaf mit der Kapuze seiner Daunenjacke an der Fensterscheibe festgefroren war.

Um sein Pensum auch nur ansatzweise bewältigen zu können, musste Serafin den Luftraum unter zwei Daunendecken mit dem Haarfön wärmen, bloß um dann schließlich in seiner Spitzweg-Hölle einzuschlafen, anstatt zu lernen, wie es vorgesehen war. Dass es aber so etwas überhaupt geben konnte – eine Wohnung ohne Heizung –, das war halt typisch für den liberalistischen Imperativ in der Freien und Hansestadt, der im Zweifel gegen das Regulativ entscheidet; im Extremfall sogar gegen die Zentralheizung.

Na gut, sagte ich (und dachte an die Überraschung; an Elektras dunkle Brauen, an ihr Gesicht). Dann müsste ich wohl mal mit Lukullus reden, ob ich in diesem Fall das freiwerdende Zimmer übernehmen könnte.

In ein paar Monaten ist hier übrigens schon ein ganz anderes Wetter, sagte Serafin. Von den Temperaturen her.

Wenn man vom Dorf kommt, wie Serafin, wie ich, wenn man das Leben in einer Gesellschaft auf dem Lande, fernab des Gewebes einer Stadt, von Kind an erforschen konnte bis zur Genüge, bis zum Überdruss an einem gewissen Punkt im jungen Leben auch, dann kann man leichthin meinen, dass man sich anderswo in einer Entropie, wie Serafin sie knapp umrissen hatte, bald wie zu Hause fühlen wird.

Ein paar Monate später fuhr ich mit dem eigenen Wagen vor. Es regnete nicht. Sowieso, das sollte ich aber viel später erst herausfinden, hatte München viel mehr Regentage im Jahr als Hamburg. Auf der Autobahn schob ich die Kassette mit dem Lied von den Lassie Singers ein. Und als die Elbbrücken näher kamen, hatte ich die Euphorie verspürt wie bestellt. Die Ladefläche meines Renault war zur Hälfte belegt von einem Futon, der zusammengerollt beinahe noch unhandlicher wurde als in seinem entrollten Zustand. Regelmäßig fragte ich mich, welcher von beiden denn wohl von den Japanern als Naturzustand begriffen wird. Glaubte man Mishima, dann war es wohl der seines Eingerolltseins (wie der Arm eines Farns). Der übrige Stauraum war beinahe zur Gänze von meinem neuen Computer belegt. Ich hatte mich beraten lassen, aber angeblich führte jetzt kein Weg mehr vorbei an diesem Konglomerat extrem großer Apparate, um meine Daten auf die zeitgemäße Art verarbeiten zu können. Das sollte mir recht sein, ich hatte nichts gegen Technik als solche, aber dass sie derart raumgreifend sich gebärden musste, störte mein Schönheitsempfinden. Besonders auf den Bildschirm, ein Farbmodell mit extra langer Kathodenstrahlröhre, hätte ich gerne verzichtet. Ich hatte doch schon die Lavalampe! Zusammen mit der Stereoanlage und meiner Schallplattensammlung war sämtlicher mir zur Verfügung stehender Kofferraum ausgefüllt. Und dafür hatte ich schon die grazile Rückbank ausbauen und in der Heimat zurücklassen müssen. An Kleidung hatte ich kaum mehr mitbringen können als die Jacke eines orangefarbenen Trainingsanzugs und die Jeans, die ich am Leib trug.

Talking Flucht und Vertreibung: Vor ein paar Wochen erst war Lukullus von seiner ausgedehnten Reise mit Elektra durch die Vereinigten Staaten zurückgekehrt. Nach der Landung in Los Angeles gleich vom Fleck weg ein Auto gekauft, *Shooting Break*, Fenster, runter und damit quer rüber bis nach New York City gereist, gecruised, es musste einfach herrlich gewesen sein mit ihr, *Wild at Heart*, wie ein richtiges Liebespaar, sogar Indianer gesehen in den *Badlands*, vom Stamme Hopi – er trug jetzt die Ringe aus ihrem Silber, zusammen mit den billigen aus Nickel von Paul Hundertmark. Von denen bestand einer aus den Großbuchstaben BIKER – war aber ironisch gemeint. Also nicht bloß die Inschrift des Rings, auch das Tragen desselben. Mit diesen Ringen würde er jetzt zum Beispiel gern, das sagte mir Lukullus einfach so: Xerxes die Gosche einschlagen. In Jeans und Cowboystiefeln aus Klapperschlangenleder. Marineblauer Troyer.

In dieser Wohnung war es sogar noch im Hochsommer kalt. Gleich neben dem großen Raum, in dem das Silvesterfest stattgefunden hatte, gab es in einer Wand des ewig langen Flures eine Tür, deren Füllung niedriger war als die der anderen. Wie für einen Menschen gemacht, der kleiner war als die übrigen, für die diese Wohnung entworfen war. Wie für ein Kind, oder für Dienstboten, die aus einer anderen Menschenart rekrutiert waren; früher, so hieß es, waren die Menschen noch kleiner als heute.

In der Kammer hinter dieser wundersamen Tür schlief mein Luke, den ich Lukullus nannte. Der Innenraum der Pyramide gerade weit genug für seine Matratze, die er auf stapelweise Europaletten hochgebockt hatte, sodass man darin wie unter der hohen Kammerdecke schwebend lag. Bis zur Tür war noch Platz für Kerzen in roten Plastikhülsen, Aschenbecher und einen Plattenstapel. Vorne *Chocolate Chip* von Isaac Hayes. Zum Abendbrot gab es ein Fertiggericht von der Tankstelle auf der Reeperbahn, die 24 Stunden geöffnet war. Normale Supermärkte gab es im Umkreis der Reeperbahn keine. Nach dem Essen gingen wir ein paar Straßen weiter auf ein Konzert von Nick Cave. Der Sänger betrat die Bühne im nachtblauen Anzug und barfuß.

»Three things: I'm Nick Cave. I love you. And I want to tell you about a girl.«

Das war ein identifikationsstiftender Moment. Lukullus konnte sich seinen Zorn aus dem Herzen singen lassen. Und ich legte die Trainingsjacke nieder. Nicht direkt dort, in der Großen Freiheit, auch noch nicht beim Absacker im Sorgenbrecher, aber im Verlauf der kommenden Tage. Serafin führte mich durch die Boutiquen der Stadt. Auch davon gab es in unserem Viertel nichts, außer besagtem Paul Hundertmark, einem auf Westernmode spezialisierten Geschäft mit erstaunlich großem Verkaufsraum. In den Schaufenstern zur Reeperbahn standen große Kakteen aus Plastik, die »Hände hoch« machten. Und auf dem Sand zu ihren

Füßen – oder war das Staub? – schlängelten sich malerisch die Gürtel und klapperten mit ihren Schnallen. Dann gab es weiter unten auf dem *Strip*, linker Hand nach Tankstelle und der berühmten Polizeiwache an der Davidstraße und neben der gegenüberliegenden Filiale von Burger King, eine Reihe von Geschäften, die mit der Mode für Prostituierte Handel trieben. Die Davidstraße hinauf, wie es hieß – und tatsächlich schien hier die Wasserwage durch ein Gleiten ihrer Luftblase im fluoreszierenden Grün eine sanft ansteigende Straßenführung anzuzeigen, bis dorthin, wo das Auge des die Davidstraße Hinaufschauenden ein Ende wähnte und das lichte Grau den Himmel über den Häusern markierte, hinter denen, aber weiter unten, die Elbe floss – weniger, dass sie strömte, eher zog sie sich dahin (und auf der gegenüberliegenden Mauer des Hafenbeckens, die schwarz gestrichen war, stand in den weißen Großbuchstaben einer serifenlosen Schrift nicht etwa Biker, sondern Blohm + Voss) – bis dorthin ungefähr, entlang einer wie gedachten Schnur, standen die Verkäuferinnen der Liebe auf dem Strich, die sich in Selbstzuschreibungen tradiert als Nutten bezeichnet und unmissverständlich auch als solche verstanden wissen wollten. In den Wintermonaten, wenn es auf den Straßen so kalt war wie in meiner Wohnung bei Sonnenschein, standen sie sich dort in Skianzügen die langen Beine in den Bauch. Auch davon sangen die Lassie Singers. Diese Skianzüge waren die Kleinode der Schatzstadt. Ein unvergesslicher Anblick, der mein Bild von Hamburg vermutlich ebenso stark prägte wie die Tatsache, dass die Stadt mitnichten am Meer lag. Unvergesslich auch in modischer Hinsicht, weil ja über den Skianzügen trotzdem diese Höschen oder auch Tangas aus Lack getragen wurden und auch die kreuzweise geschnürten Bustiers, sodass hier der Semiotiker das reichhaltigste Brachfeld zu beackern vorfand, das es in der nachschwingenden Postmoderne noch gab. Xerxes allerdings, Roland Barthes war ja schon 1980 gestorben, war dies laut Serafin schon zu banal. Zu weiß auch. Zu wenig anschlussfähig für seine übrigen Diskurse, wohingegen Elektra sich naturgemäß mit der sogenannten Theorie der Geschlechter beschäftigte, vor allem mit der Konstruktion des Weiblichen. Für solche Thesen taugten die eingeschnürten und toupierten Körper als Illustration. Die freilich sprechen konnten. Doch sprachen die Kleinode dabei von sich? Oder reflektierten sie lediglich den Diskurs männlichen Begehrens? Ging es um Ermächtigung, ging es um Macht? Foucault war ebenfalls schon gestorben. Die Biografie von Didier Eribon war gerade auf Deutsch erschienen, sie wurde, wie es damals noch hieß »intensiv gelesen«. Xerxes kannte sie angeblich seit Jahren im Original. Und Du etwa nicht! Schimpf und Schande.

»Na Süßer, gehst du mit?« Wie bei von Ribbeck auf Ribbeck wurde man jedes Mal auf ein Neues gefragt. Auch wenn man schon hundert oder neunundachtzig Mal zuvor bei Burger King gewesen war oder aus anderen Gründen die Davidstraße herab oder hinauf – es hieß »Gehst du mit?«, zur Abwechslung auch einmal »Ach geh doch mal mit«; immer in astreinem Hochdeutsch. Niemals hingegen hieß es »Hummel Hummel« oder gar »Mors«. Eine touristische Angelegenheit, so kam uns dieser institutionalisierte Straßenstrich vor. Umso beschämender, wenn man als Anwohner von den Frauen für einen Touristen gehalten wurde. Umso wichtiger schien es mir, mich auch stilistisch, das bedeutete im semiotischen Sinne klar lesbar, durch die Wahl meiner Kleidung und Frisur von der Zeichensprache des Touristischen abzusetzen. »Signifikant«, wie Serafin es nannte.

Strebte man von der Reeperbahn in nördlicher Richtung durch St. Pauli, kam man sehr bald schon in Gefilde, wo es zwar nicht glamouröser, dafür bürgerlicher zuging. Bürgerlich allerdings nicht im Sinne von Alstervillen und immergrünem Rasen. Die Häuser entlang der Wohlwillstraße waren alles, aber nicht hell angestrichen, dafür dicht an dicht gebaut. Nirgendwo Rasen, kaum Bäume – bis auf die am Paulinenplatz – und Grün gab es bloß in Form einer Bezeichnung: »Beim Grünen Jäger« hieß die Straße von nun an bis zum Neuen Pferdemarkt. Der alte war offenbar zur Kreuzung für Schnellstraßen umfunktioniert. Dahinter, als weitere Reminiszenz an die Welt der Hansestadt vor der Ära fossiler Treibstoffe: eine Weidenallee. Wir aber bogen rechts ab, in den Neuen Kamp. Den alten wollte man da besser gar nicht erst gesehen haben müssen.

»Welche Brache zur Rechten? Ach so, Du meinst das Heiligengeistfeld!« Lieblos möbliert wie der Cannstatter Wasen. Am Eck hatte ein ungeschlachter Klotz von einem Zweckbau sondergleichen sein Schildgesicht erhoben, um dessen Stirn ein schreiend gelbes Band verlief, darauf in schwarzen Großbuchstaben: Hyper. Das war der Supermarkt der Stunde hier. Es wurde dann, bald darauf, ein Tophit nach ihm benannt.

»Ja, der Bunker ist brutal. Vor allem auch, weil früh vollendet; in all seiner Frühvollendetheit – mehr breit als hoch. Heißt trotzdem so.«

Der destruktive Charakter war jung und heiter. Er sah nichts Dauerndes. Aber halt überall Wege. Dem Betonprotz schräg gegenüber zum Beispiel, das war etwas fürs Leben: ein Plattenladen nämlich, Ruff Trade Records. Blumfeld im Fenster. Die Erde und Cpt. Kirk &. Reformhölle. Verstärker auf Single, im Format Seven inch. Die andere: »Der Angriff der Gegenwart auf meine übrige Zeit« – genial. Musste ich haben!

Meine Sammlung würde ich hier komplett neu aufbauen. *Displaced people.* Es war aber auch schicksalhaft. Alles auf der Flucht verloren. Die Habseligkeiten.

Im Laden selbst war es still. Überraschenderweise. Für einen Plattenladen. Mehrere Kisten eigens unter der Rubrik *Deutsch.* Eine eigene für *Hamburg.* Prallvoll. Und jedes einzelne Album in all diesen Kisten war von einer eigenen Plastikhülle umgeben. Um das Cover zu schützen. Vor Fingerabdrücken und Schlimmerem. Der Inhaber dieses Konservatoriums: wortkarg. Marineblauer Troyer, sympathische Brille. »Hypermetropisch, würde ich tippen.« »Aber mindestens.« Die Fingerabdrücke auf den Brillengläsern eventuell sogar absichtlich, als Hommage an David Hamilton Punktpunktpunkt

»Macht 14 Mark.« Überall hieß es ja, dass die CD auf dem Vormarsch war. Nicht mehr zu bremsen! Aber allein wenn man etwas derart Schönes in die Hände gelegt bekam wie dieses Diptychon aus zwei Schallplättchen – so schön wie Vinylcover würden die von CDs niemals sein.

Dort, im Angesicht der Narbe aus Beton, wurde man regelrecht angezogen von den heiteren Farben und Formen der in die Schaufenster gehäuften Kleidungsstücke. Trainingsanzugjacken jeglicher Couleur. Auch die derzeit unpopulären aus der jüngsten Vergangenheit. Drei Stripes und zahllose Sterne auf silbrig schillerndem Gewebe. »Ich sage bloß Evil Knievel.« Auf dem Cover der Platte flog er auf seinem Motorrad stehend durchs Bild. Jeans wurden nach Kilogramm abgerechnet. Die Qualität war tadellos, alles frisch gewaschen – mit Ariel sogar. »Nee, das ist die Hausmarke vom Hyper.« »Ah so? Gar nicht mal so übel. Wenn du mich fragst ... Aber du fragst mich ja nicht.« »Exakt. Apropos: Schau mal hier, das dürfte doch in etwa ganz grob dem entsprechen, wonach du suchst.«

Der Stoff des nachtblauen Anzugs fühlte sich lediglich an, als sei er steif gewirkt worden, saß in Wirklichkeit aber wie aufgemalt. Auch dass die Hosen, die sich gerade noch eng an die Haut meiner Lenden und der daraus entspringenden Oberschenkel schmiegten, von den Knien an tulpenhaft auseinanderflossen, fand ich elegant. Jetzt fehlte bloß noch ein vernünftiges Hemd. Die Auswahl war allein von ihrer schieren Fülle her überwältigend. Wer trennte sich denn freiwillig von all diesen herrlichen Stücken? Teilweise konnte man die Zeitung durch ihren Stoff hindurch lesen, teils war sie der Einfachheit halber schon aufgedruckt. Oder Paisley. Mit Rüschen! Und ähnliche Eskapaden. Vor allem farblicher Natur. Singend, den Vorhang der Umkleidekabine teilend wie Cave: »As the snow flies ...«

Im Anzug und mit neuen Schuhen, in *second hand skin*, ging es zurück über den Pferdemarkt. Der Name der dieses Viertel begrenzenden Station für die U-Bahn war Schlump. Schau dort, der Heinrich-Hertz-Turm: wie der Kiel einer Möwenfeder oder ein Schwert. Beides ist möglich. Dahinter lag das Viertel um die Universität. Herum, wie es schien. Haariges Thema. Vor allem für Serafin, der sich überhaupt gar nicht mehr sicher war, ob er sein Studium fortsetzen sollte. »Von einem Wollen kann ohnehin nicht die Rede sein!« Zumal sich – im Gehen redete es sich doch wesentlich angenehmer – nein: Da sich in den vergangenen Tagen eine romantische Okkasion – oder hieß es Okkasion zur Romanze? Egal! – ergeben hatte: und das auch noch mit einer fantastischen Frau. »Wie fantastisch genau?« »Sehr! Extrem anstrengend vom Typ her, also anspruchsvoll und dabei auch noch wenig nachgiebig, eigentlich ja gar nicht, sie ist im Grunde null kompromissbereit – *zero*. Dafür mit ausgesprochen langen Beinen, also länger als deine oder meine.«

Glaubte er. War richtiggehend ins Schwärmen gekommen. Das klang aber auch wirklich zu schön. Es handelte sich übrigens um die neue Vermieterin von Elektra, beziehungsweise wohnten die beiden jetzt zusammen in einer WG.

Ich war ganz Ohr geworden. Ein Wesen, gemischt aus verbotener Frucht und Giraffe, trabte durchs Abendlicht. *Wave* hieß die Platte. Von Antonio Carlos Jobim.

»Und wie äußert sie ihre Anspruchshaltung dir gegenüber?«

»Beispielsweise verlangt sie von mir grundsätzlich mit ihrem vollständigen Vor- und Zunamen angesprochen zu werden. Als wäre die Kombination aus beidem ihr Markenname, uns und allen ein Begriff.«

Wir trafen Venus Augstein im Pudel Club. Vorangegangen war dieser denkwürdigen Premiere in der Hamburger Gesellschaft eine, die es nicht minder war, im kleinen Kreis in Serafins Heim, wo er mit Xerxes Bad und Herdstatt teilend wohnte. Dabei war diese Wohnung nach meinem Dafürhalten schon für eine Einzelperson viel zu klein. Zugegebenermaßen war ihre Lage ideal. Nur wenige Meter vom Hamburger Berg und dem Sorgenbrecher entfernt. Kaum war die Wohnungstür in ihr sogenanntes Schloss gefallen, wünschte man sich auch schon wieder dorthin zurück: auf die Rendsburger Straße. Die Fee jedoch blieb gnadenlos. Und so stand man halt in einem extrem schmalen Flur, beziehungsweise steckte man schon in ihm fest wie ein Korken, noch bevor man sich der flaschenhalshaften Enge dieses perfide zugerichteten Raumes bewusst werden konnte. Schon die Wohnungstür hatte beim Aufstoßen ein ungesundes Scheppern von sich gegeben. Jetzt, da wir einen halben Schritt vorgedrungen waren, wurde mir auch klar warum. Sie konnte nicht, wie es sein sollte, ganz geöffnet werden, da ihr in das Wohnungsinnere einschwingendes Türblatt schon nach 45 Grad, maximal aber 50 Grad des Einfallswinkels auf den Widerstand der gegenüberliegenden Wand traf. Die Bescherung war gelblich beleuchtet. Ein Rest von hellem Teppichboden, seinem Anschein – einem gelblichen – nach ein kurz geschorener Flokati. Die Kanten rollten sich vor den Wänden ein wie Fußnägel. Aus nackter Verzweiflung vermutlich. Jedenfalls eine ungünstige Einrichtungsidee für den Gemeinschaftsbereich eines U-Bootes. Am einen Ende dieses Flurs – er brauchte den Arm nicht auszustrecken, um mir den Weg zur Tür zu weisen – befand sich Serafins Gemach. Auf den ersten Blick eine vergleichsweise lichte, luftige, geradezu loftartige Spielwiese des Minimal Design, die meinem Auge zu schmeicheln verstand. Allerdings, das offenbarte sie mir aber erst beim genaueren Hinschauen, auf den sprichwörtlichen zweiten Blick: überschattet leider wohl auch im Wortsinn von einem Hochbett, dem der darunter gelegene Raum seine Aufgeräumtheit und die Spärlichkeit erst verdankte. Beides, Matratze und Fußboden auf einer gemeinsamen Ebene zu beherbergen, dafür fehlte es dem Zimmerlein an Platz. In der mir präsentierten Lösung für dieses Problem handelte es sich um einen Extremtyp der beliebten Wohnungsform Maisonette. Wohingegen auf der anderen Seite des Flures sich ein düsteres Räumchen zu verkrümeln suchte, wobei es von seinem kanariengelb lackierten Türrahmen unweigerlich zur Wirkung geradezu gedrängt wurde. Fatalerweise handelte es sich um die Küche. In sie war, um gar nicht erst Gefühle von falschem Klassenbewusstsein aufkommen zu lassen, dem Spülstein noch eine Duschkabine zur Seite eingebaut. Mehr *work in progress* als vollendet. Wie man hier duschen konnte, und andere derweil wiederum essen und trinken, war mir schleierhaft. Noch.

Am Küchentisch präsidierte Freund Xerxes, dessen Zimmertür auf der Mitte des Flurs offenstand – so weit es ging. Was unnötig war, denn seine Musik hätte sich selbst bei geschlossener Bunkerschleuse noch Gehör verschafft. Der Schall hatte es ja nicht weit. Bassfrequenzen, insbesondere die aus den Studios auf der Insel Jamaika, dringen sogar verlustfrei bis in den hintersten Winkel des Alls. Ein Topos der Reggaemythologie, der auf den Plattencovern des Tontechnikers Scientist andauernd vorkommt, wenn er beispielsweise als dunkelhäutiger Van Helsing auf einem Luftkissenboot fahrend, das von den in dieses Luftkissen eingebauten Subwoofern angetrieben wird, durch ein mitternächtliches Sumpfgebiet patrouilliert, um die aus ihren Gräbern zur Unzeit auferstehenden leichenblassen Untoten mit den Frequenzen aus seinem Killer-Mischpult zu pulverisieren, das in dieser jamaikanischen Fantasie eines Soundkissen-Bootes anstelle des andernorts üblichen Armaturenbrettes eingebaut war.

Mir sagte diese Musik nichts. Auch nicht zu. Die Worte des Schwarzen Mannes blieben mir rätselhaft. Ich war, das konnte ich zugeben, schon beim Text von »Sex Machine« ausgestiegen. Was andere um mich herum an sogenannt Schwarzer Musik begeisterte, eben dies stieß mich ab: das auf den Unterleib abzielende. Das Schwitzige und der Rhythmus im Blut. In Gesellschaft wäre dies für Xerxes selbstredend ein Anlass gewesen, mich meiner Schwachheit zu zeihen. Aber in der Kombüse des U-Bootes waren wir unter uns. Außerdem war er damit beschäftigt, diverse Gemüse in Stücke zu zerschneiden. Im Angesicht einer Zucchini schämten sich haufenweise Tomaten, daneben eine Aubergine, die wie ein Konzertflügel schimmerte. Diese Zusammenstellung sowie ein Gewürzstreuer mit Kräutern der Provence neben der Schachtel mit Jodsalz hatten uns hinlänglich darauf hingewiesen, dass es sich um eine Zubereitung der von ihm sogenannten »reichhaltigen Pastasoße« handeln würde. Nach dem Rezept seines Vaters. Auf dem Herd kam schon das Wasser in Wallungen. Wir hatten kaum auf der Eckbank Platz genommen – unter dem Polster wurden tatsächlich Brettspiele aufbewahrt –, als das von der Innenseite her türkisfarben lackierte Blickfenster durch den Türrahmen von einer aufschwingenden Klappe versperrt wurde. Worauf bald Elektra im Flur stehend zu sehen war. Offenbar befand sich hinter dieser Klappe in der Wand das Klo. Kein glamouröser Auftritt, mich hatte er trotzdem erreicht.

And I want to tell you about a girl: An diesem Abend hatte sie ganz andere Sachen übergezogen, aber in allem Übrigen erinnerte sie mich an eine Aufnahme, die ich ein paar Jahre zuvor gemacht hatte. Auf diesem Polaroid sitzt sie vor einer Schaufensterscheibe, dahinter ist es Nacht. Der Vordergrund ist vom Blitzlicht ausgebleicht, ihr Mund steht weit offen und auf ihrer Zunge liegt ein kleiner runder Gegenstand, den das Blitzlicht weiß strahlen lässt. Wie eine Muschel aus Papier. Ihre Hände sind ineinandergefaltet und in das Geflecht hat sie ihren Unterkiefer sinken lassen, während sie mir, dem Fotografen, ihr Mundinneres präsentiert. Sie trägt ein buttergelbes Oberteil mit aufgesticktem Streublümchenmuster. Da war ihr Haar noch schulterlang, rotblond eingefärbt. An jenem Abend war sie ohne Xerxes gekommen, Kunst interessierte ihn nicht, wahrscheinlich war sie in Begleitung einer ihrer Freundinnen nach Degerloch gekommen zur »Manufakturperformance« der Künstlergruppe, in deren Rahmen diese Aufnahme gemacht worden war. Es war überraschend, wie sehr sich die beiden äußerlich verändert hatten seit ihrem Wegzug von Stuttgart: Er hatte damals noch die Frisur eines Autonomen, mit kurzen, schwarz gefärbten Dreadlocks und lief ganz in Schwarz gekleidet herum. Wenn es hoch kam, in Schwarz-Weiß. Sie hingegen mittlerweile mit gebleichtem *Hitler hairdo* zu den rotlackierten Lippen ganz im Stile ihrer Ära, der des Riot Grrrls. Augen wie Hedy Lamarr. Weil sie ab und an noch weinen musste, kam es regelmäßig zum *Mascara Meltdown*. Erst ganz am Ende meiner Hamburger Zeit habe ich von Foxy gelernt, dass es eine japanische Wimperntusche gibt, die sich erst mit Flüssigkeiten, auf knapp oberhalb der durchschnittlichen Körpertemperatur von 37 Grad Celsius erwärmt, ablösen lässt.

Das Licht in dieser Küche war aber auch ungünstig! Zudem die erzwungene Nähe, in der man auf der Eckbank um den Tisch herum wie eingepfercht saß. Mir kam es jedenfalls so vor, als ob sie maskenhaft lachte. Auch viel zu laut. Wenn in Filmen die Auswirkungen psychoaktiver Drogen aus Sicht eines Protagonisten inszeniert wurden, wirkte das ähnlich dissoziativ, sodass man sich als Zuschauer auf gar keinen Fall vorstellen konnte, wie diese Figur jetzt gerade innerlich beschaffen war. Ich erkannte bloß Parallelen. All die Abende, an denen wir im stillen Thal – zwar nicht in Spanien, doch immerhin im Remstal hinter den Toren der Stadt ins Souterrain seines Elternhauses bei Xerxes eingeladen waren, um dort Videofilme anzuschauen, die für den deutschen Markt verboten worden waren, immer möglichst viele hintereinander weg. Sein Vater war ja Dozent der Filmwissenschaft und bekam auch das indizierte Material noch auf den Tisch, wie es hieß. Auch die Sprache des Delinquenten musste ja analysiert, dann archiviert und währenddessen noch in Beziehung gesetzt werden zum legitimierten Korpus der Kunst. Ein freundlicher Mann, Xerxes senior, vom Typ her freilich ein Genießer, der mit einer irdenen Schüssel Pasta mit reichhaltiger Soße den Raum betrat, wo wir um den jammernden Bildschirm lagerten, auf dem gerade ein Augapfel im ultranah aufgenommenen Gesicht einer Frau auf den kirgisisch langen und auch nach der Façon gezackten Splitter aus dem Material eines geborstenen Türrahmens gespießt wurde. Darauf sank sie hin. Und der Vater verließ leise den Zuschauerraum, um uns nicht zu stören. Seine Nudeln wurden verteilt. Zum Nachtisch gab es den Haschkeks, von der Mutter selbst gebacken. Die Wand über seiner Matratze hatte Xerxes mit Spiegelscherben beklebt. Die Matratze selbst war schwarz bezogen. Ein einziger, extrem langer Plattenstapel, zig Ellen lang, ganz vorne: *Songs About Fucking* von Big Black.

Die Welt eines extrem liberalen Elternhauses, dennoch geprägt von gegenseitigem Respekt musste Elektra damals in den Bann geschlagen haben. Elektra war zu Xerxes aus einer nach katholischem Glauben anständigen Familie gekommen. Ihre eigene Mutter empfand sie darin als Übermacht – *O Superman* –, von der sie als Kind schon zur Roratemesse gezwungen wurde. In der Frühe, noch vor Sonnenaufgang ging es auf Knien über die verschneiten Felder bis zur Kirche im Nachbarort. Sehr guter Leistungsdurchschnitt, ein *Käpsele*. Von ihrem Abitur her hatte sie freie Wahl. Für Xerxes war sie allerdings mit Vorstellungen angefüllt worden, die er zu Komplexen zu dekonstruieren gedachte. Elektra wurde nebenbei, denn selbstverständlich liebte er sich auch, zu seinem aufklärerischen Projekt. Von daher hatte ihn ihre Verliebtheit in Luke, den ich Lukullus nannte, zwar irritiert, aber nicht aus der Fassung bringen können. Als Ingenieur ihres neuen Innenlebens war er ihr unverzichtbar geworden; und dass sie keine halben Sachen wollte, wusste er auch. Weil er, beinahe im Gegensatz zu Lukullus, der sich mit ihrer Person und seinem Jurastudium zu begnügen schien, vor allem außerhalb des Seminars im 13. Stockwerk des »Philosophenturm« genannten Hochhauses auf dem Gelände der Universität rasch aufgestiegen war, also in den intellektuellen Kreis von St. Pauli – und dort eben nicht bloß theoretisierend, rhapsodierend vor den Zirkeln der wie angeödet wirkenden Aöden vom Hamburger Berg, sondern halt auch mit seiner Praxis, beim Plattenauflegen, als Akteur im sozialen Raum der neuen Stadt, an der nicht nur die urbane Materialität neu war, sondern vor allem die leibhaftig anwesenden Persönlichkeiten aus der popkulturellen Denkerszene –, weil nun häufiger sein Name *gedroppt* wurde, wie es hieß, was nicht dasselbe meinen sollte wie das deutsche »fallengelassen«, und Xerxes durch diese aus dem Hip-Hop übernommene Praxis in Elektras Diskurs virulent zu werden begann, er sich dort sogar im Subtext zunehmend repräsentiert zeigte, erschien ihr die Wiedervereinigung mit ihm in Form einer Beziehung beziehungsweise der Abbruch ihrer Autonomiebestrebungen so alternativlos wie attraktiv.

Das hätte eine Warnung sein können. Wie im Tierreich eine signalfarbene Haut. Die gibt es nicht beim Menschen, beziehungsweise sehen das Tiere ganz anders. Wir sind auf das Erforschen von Signalen aus dem Innenleben angewiesen. Dementsprechend nervös und, wie es nach außen wirken mochte, verspannt, lauschte ich dem rituellen Schlagabtausch des Paares. Serafin schwieg, er schmunzelte. Als Liberaler in der uralten Tradition seit den Freiburger Thesen gefestigt und als Mitbewohner an das Dauerfeuer der Bonmots gewöhnt, wärmte er sich in Gedanken doch längst an seiner neuen Flamme.

Wobei dann bei unserem Aufbruch zunächst Xerxes umgestimmt werden musste, der seine Freundin mit dem Verweis auf eine von ihm eigens zu diesem einen Zweck beschaffte Flasche ihres spanischen Lieblingssektes zu einem gemütlichen Abend bewegen wollte, wie es wohl verabredet war. Teile dieser, wie meine Mutter kritisiert hätte, vor allen Leuten und wie auf dem Präsentierteller ausgetragenen Diskussion pro, aber halt auch contra der Optionen Geschlechtsverkehr beziehungsweise Pudel drangen noch bis hinter die Klappentür zu mir auf dem Klo. An der bedrohlich nah gerückten Wand dort – Poe und Po gesellte sich offenbar gern im Haus der poststrukturalistischen Diskurshoheiten – hing ein sogenannter Zettel, mit dem das Hinsetzen während der Verrichtung angeordnet wurde. »Wir haben keine Geheimnisse voreinander, also auch nicht vor Euch.«

Der Club, von dem ich in der Zeitschrift *Spex* schon viel gelesen hatte, gastierte in einem ehemaligen Chinarestaurant. Im Inneren des Zweckbaus am Neuen Pferdemarkt waren die Tische und Stühle der ehemaligen Wirtschaftsstruktur entfernt worden, aber die aus Sperrholz geschnitzten Drachen und Pekineser Hunde, die Glasmalereien dunstiger Wasserfälle und Pagoden in der Kassettendecke, die einherbaumelnden Laternen aus rotem Papier sowie das zeichenhafte Aquarium, das wie ein ewiges Feuer in der Dunkelheit leuchtete, mit diesen Zeichen deutete vieles im Innenraum des Pudel Clubs wie mit sterbender, doch nicht letzter Kraft noch hin auf eine vergangene Zeit. Verwies aber gleichzeitig mit ironischer Geste in eine deutsche Zukunft, deren Symbol wiederum der pagodenhaft eingerichtete Speisewagen der brandneuen ICE-Züge war. Und wer weiß, vielleicht wurde sogar dort in der Menge am Tresen oder auch hier am Fuß des Hochsitzes, einem ausrangierten Schiedsrichter-Gestell vom Tennisplatz, just in diesem Augenblick eine Strategie diskutiert, die man den Einsiedlerkrebsen abschauen könnte. Zum Zwecke der befristeten Umdeutung von Überbleibseln der Gentrifikationsmoräne im architektonischen Gewebe des urbanen Raums; vielleicht auch ortstypisch angereichert mit maritimem Vokabular: Reffen, Beute, Kapern, Shanghaien, Pressen, Purren, Pütz. Das Bier hieß Astra. Über den Regalen mit Jasminteekännchen hing eine Flagge aus Papier, auf der das Wappentier aufgemalt war (ein Pudel). Vom Hochsitz her schallte die launige Rede des Conférenciers, einem Lulatsch, der hinter seinem Leselämpchen einen einzigen Schallplattenspieler bediente. Selbstverständlich ein anachronistisches Modell, Farbe auch egal, bloß keinen von Technics. Die Nadel plumpste in die sogenannte Rille wie ein Backstein vom Dreimeterbrett. Irgendeine Alkoholikerschnulze aus den Siebzigerjahren »Ach, Charles Aznavour ist das? Hätte ich nicht gedacht, dass der auf Deutsch gesungen hat«

und so weiter. Elektra hatte in mein Ohr regelrecht hineinschreien müssen. Wie vorhin auch schon fand ich, sie lachte zu laut. Direkt unnatürlich. Aber wie Niklas Luhmann zu Recht festgestellt hat, kann man von seiner Frau nichts Grausameres verlangen als »Sei doch mal natürlich!«. Am besten noch einfach. Und dabei diese Seitenblicke ringsum in den Raum, wer zu uns herüberschaute, während sie in mein Ohr hineinrief ... Gut, sie war ja auch nicht meine Frau. Agitiert aufeinander einredend: Venus Augstein und Xerxes. Wahrlich giraffenhaft, wie sie sich zu ihm herunterbeugte. Auf Schaftstiefeln aus schwarzem Leder, die reichten ihm bis zum Kinn. Serafin schmunzelte, zog die mächtigen Augenbrauen zusammen, schüttelte unwirsch den Kopf. Hinter dem Tresen noch so ein sehr großer, sehr dünner Mann, aber dieser mit Zahnlücke, der sein üppig gelocktes Haar tatsächlich pudelhaft unter dem Rand seiner maritimen Wollmütze hervorquellen ließ bis über beide Ohren. Auch er eine bekannte Persönlichkeit, auch er ein Sänger, seine Band hatte den Namen Die Sterne, die erste Platte war vor kurzem erst im *Year Punk Broke* erschienen und jetzt »draußen«, wie es hieß (die Platte hieß anders, aber so ähnlich. Alle Platten hießen so). All dies wusste man, man wurde von diesem Wissen umwoben wie von einem Gespinst, das sich in diesem Moment, in diesem Raum, im Namen des Pudels temporär manifestiert hatte, niedergelassen, man hatte es eingelassen, morgen Abend aber schon, vielleicht sogar in wenigen Stunden würde es verflogen sein, wie bei Wader, Hannes: ganz woanders, überall hin. Na ja, nicht gänzlich woanders, an einem ähnlich gesinnten, aber anders gelagerten Ort. In dieser Mischung aus sehr bekannten Menschen und solchen, die es werden wollten; aus anderen, die so etwas Ähnliches vorhatten, aber mit anderen Mitteln – als Ausdeutende dieser Kunstform Musik beispielsweise, derer die anderen sich bedienten; ausgedeutet und fallweise weitergesponnen in Richtung Theorie, einem Raum, in dem sie sich wiederum mit anderen zu verbinden suchten, die von einem anderen Feld herkommend in eine kongruierende Richtung unterwegs waren – und wieder anderen, von deren Zielen nichts bekannt war, weil sie a) entweder gar oder noch keine formuliert hatten oder, wie es dann hieß, b) einfach bloß ausgehen und rumstehen wollten, unterschied sich das Gesellschaftsleben im Hamburg der Neunzigerjahre krass, oder heftig, wie es damals hieß, von dem in Stuttgart. Das alles hatte es dort gar nicht gegeben. Das Wenige war disparat, und Disparates war disparat geblieben. So stirbt man auch als Szene aus. Möglicherweise unterschied sich Hamburg mit seiner von St. Pauli bis Eimsbüttel und Altona umhegten Szene sogar vom kulturellen Leben in jeder anderen deutschen Großstadt in jenem Jahrzehnt nach dem Mauerfall. Durch eine Dispersion von Musik und Theorie in einer gemeinsamen Form alltäglicher Praxis, dem, wie es hieß: Handeln im sozialen Raum. Thomas Meinecke, gebürtiger Hamburger, stellte einige Jahre nach der Jahrtausenderschwelle sogar für ganz Deutschland fest, dass sich für ihn mittlerweile nur noch im Frankfurter Bahnhofsviertel ab und an solche Szenen ergeben, die ihn von ihrer Biodiversität her an das unwiederbringliche Leben auf St. Pauli erinnern.

Noch waren die Nächte lind, der Diskurs heiter. Im darauffolgenden Mai sah ich mich selbst schon fester eingebunden in das Gespinst, als ich nach Sonnenuntergang an ebendieser Stelle, wo ich einst zum ersten Mal den Pudel Club betreten hatte, Neuer Pferdemarkt an der Gabelung Schulterblatt (*pardon the name*) und Schanzenstraße, die Aufstände bezeugen konnte, veritable *Riots,* mit eigenen Augen habe ich den finsteren Mob geschaut, wie er die Kameras zur Verkehrsüberwachung von den Masten riss und den Flammen seiner Barrikaden übergab. Blaulichter überall. Und im Hintergrund Hyper mit Ausrufezeichen. Das war kein Schulstreik mehr. Ich hatte keinen Walkman dabei, aber der schiere Anblick, *live,* erfüllte völlig meine Erwartung an ein Leben woanders, das vor allem auch anders sein sollte als das Gewöhnliche. Wie genau, das hatte ich bis zu meiner Ankunft in Hamburg lediglich andeuten können. Ausgemalt wurden meine Fantasien bis dahin von Bildern aus Zeitschriften und der Mixed Media in Videoclips. Anarchie kannte ich lediglich von Gerhard Seyfried. Aus seinem Buch *Invasion aus dem Alltag*, das mir meine Tante zur Reifeprüfung geschenkt hatte. Als ich später an diesem Frühlingsabend im Golden Pudel Club auf Serafin traf, schlug der mir vor, eine Zeitschrift zu gründen. Wir hatten die andere Seite erreicht.

Aber zuvor würde es erst Winter werden müssen. Mir war schon im September zu kalt geworden in meinem Zimmer. Meinen Mitbewohner sah ich jetzt häufiger erst nach Einbruch der Dunkelheit, wenn er in der Küche erschien, um ein Fertiggericht aufzuwärmen. Seine Tage verbrachte er in der Fachbibliothek. Eine Lebensführung, die seinen Studien zuträglich war, aber vor allem auch seiner Gesundheit, denn dort wurde geheizt. Während wir aßen, ließ er nebenan in seiner Schlafkammer einen Heizlüfter laufen. Der allein war eine traumhafte Vorstellung, deren Umsetzung ich mir in Anbetracht meiner weitaus großflächigeren Räumlichkeit leider versagen musste. Die anfallenden Stromkosten hätten mich ruiniert. Zum ersten Mal musste ich mich über den offiziellen Weg auf Wohnungssuche begeben. Für eine inoffizielle Vergabe, die mir freilich viel lieber gewesen wäre, fehlten mir die Verbindungen. Ich hatte keine *credibility,* wie es hieß. Auch dieser Begriff stammte aus dem Lingo des Hip-Hop und war damit als *black* authentifiziert. Inzwischen gleichbedeutend mit cool.

»Wahrscheinlich werden wir nie in der Lage sein, die psychischen Verwüstungen der Konzentrationslager und der Atombombe am Unbewussten fast aller in diesen Jahren Lebenden festzustellen«, hatte Norman Mailer in *The White Negro* geschrieben. Wer von diesen Nihilisten sollte mir eine Wohnung vermieten? Zudem waren meine Mittel begrenzt. Die Abfindung für meinen Ersatzdienst am Vaterland, knapp zweieinhalbtausend Mark, war durch meine ausgiebige Ferienreise durch Frankreich empfindlich geschmälert worden. Mein Vermögen sah seinem Ende ins Angesicht.

»Na und«, sagte Serafin, was trotzig klingen sollte. Und schob seine neu gekaufte Pudelmütze zurecht, wie es dem Stil unserer Ära entsprach, also genau so, dass der umgestülpte Rand des Strickschlauches bis knapp an den oberen Rand seines Brillengestells heranreichte, nach der alten Rapperregel »Oberkante Unterlippe«. An der Spitze dieser Mütze nach phrygischem Modell, das Serafin nun jüngstens *sportete,* wie es hieß, saß ein Pompon von der Größe eines Thüringer Hefekloß'. Der Farbton der Wolle, folglich auch der seiner Mütze, war Doppelkeks. Von der Nuance her passend zum Brillengestell. Auf die Formung der Delle in ihrer Mütze legten manche exakt so viel Wert, einige sogar noch mehr, wie der Hanseat auf das Dellchen unterhalb seines zweiten Adamsapfels, dem Krawattenknoten. So weit kam es bei Serafin nicht. Was aber die Finanzierung seiner kostspieligen Leidenschaften anbelangte, zu denen auch ein schwallhafter Erwerb von Tonträgern aller Art sowie neuerdings das von ihr sogenannte Ausführen von Venus Augstein in ein italienisches Restaurant in der Hein-Hoyer-Straße gehörten, immerhin nicht in das von Xerxes als ungeheuer teuer verschriene in der Davidstraße, fragte man sich schon, also vor allem ich mich, wie Serafin das machte. Beziehungsweise: woher er das Geld dazu herbekam, um es derart verjubeln zu können. Mit der ihm eigenen Gelassenheit des Liberalen verwies er bei solchen Gelegenheiten in die ungefähre Weite vor dem Küchenfenster, wo auf der Rendsburger Straße sein Kleinwagen parkte, abgestellt an dem Nachmittag, an dem er damit aus der lukullischen Wohnung hierher umgezogen war, und seitdem kein einziges Mal mehr bewegt, und sagte »Ich habe ja immer noch meinen Panda.« Ob sich aber damit seine buddhistische Gelassenheit im Umgang mit Geld vollständig erklären ließ, wollte ich zwar nicht in Abrede, aber dahingestellt lassen. Denn bis ein Schwabe sein Auto verkauft, dafür braucht es doch einiges. Die Frage war natürlich: Wann wäre dieses Mehr erreicht? Ich jedenfalls konnte und wollte mir den Verkauf meines heißgeliebten R4 – dessen Heizung funktionierte im Übrigen *formidable* – noch nicht vorstellen. Noch eher den des vermaledeiten Computers, der zu nichts zu gebrauchen schien, dafür aber reichlich Platz in Anspruch nahm. Welcher vermutlich als Platzhalter gedacht war für die Beherbergung jenes Anteils meines Gewissens, um den es sich nach meiner Immatrikulation erleichtert fände – so wie auch ich, nach seiner Veräußerung, mich selbst um meinen Computer. Auf einen Tipp von Xerxes hin bewarb ich mich erfolgreich um eine Aushilfstätigkeit im Vorweihnachtsgeschäft bei einem Barsortimenter. Darin wedelte das Wort Bar mit seinen Scheinen. Verheißungsvoll. Das Unternehmen des Georg Linkenbrink war ein sogenannter Zwischenbuchhändler. Global betrachtet ein kleinstaatlicher Amazon für den Mittelsmann, insofern nämlich die Buchhändler damals im Verbund mit dem Zwischenbuchhändler diese Funktion noch besetzt halten konnten, die dann im weiteren Verlauf der Neunzigerjahre Punktpunktpunkt zusehends et cetera. Meine künftige Wirkungsstätte war angesiedelt am hinteren Teil der vom Neuen Pferdemarkt wegführenden Stresemannstraße, die in ihrem weiteren Verlauf nicht etwa ins Internet mündete, sondern immerhin in die längste Autobahn Deutschlands, die von der Grenze nach Dänemark durch Hamburg bis nach Füssen am Rande des östlichen Allgäus führt. Wobei es unter Hamburgern hieß, dass sämtliches Land unterhalb der Elbe zu Bayern gehört beziehungsweise zu rechnen war – buchhalterisch selbstredend. Mit Akut auf dem E. Was, wie man hierzulande ebenfalls sagte, so nicht richtig war. Das Grundstück der Firma Libri grenzte übrigens an das einer Abfüllerei für Essigkonserven. Wie gesagt regnet es in Hamburg sehr viel seltener als gemeinhin behauptet. Dafür windet es sehr viel häufiger und heftiger als gehofft. Und wenn damals einer dieser Winde von Groß Flottbek und dem Willkomm-Höft von Wedel landeinwärts in Richtung Othmarschen, Altona und St. Pauli wehte, dann fuhren die Ausdünstungen speziell der Sudsiederei dieser Abfüllanlage nicht senkrecht durchs Rohr direkt in den Himmel, wie es der Chef Linkenbrink, aktuell Kurt, folgend auf Charles, vorgesehen hatte, sondern wurden vom Wind direktemang einkassiert und an die Stadt überwiesen. Am sogenannten schwarzen Brett für Mitarbeiter von Libri fand eine kurios formulierte Karteikarte mein Augenmerk, auf der ein Zimmer in »großer zügiger Wohnung« an der Stresemannstraße angeboten wurde. Der Wohnungsmarkt der Freien und Hansestadt war damals, Anfang der Neunzigerjahre auf eine derart extreme Weise angespannt worden, dass er sich bis heute noch nicht davon erholen konnte. Am Telefon konnte ich aber zumindest einen Besichtigungstermin erbeuten, entern, reffen, kapern oder shanghaien. Kurioserweise sogar am selben Nachmittag. Ich erreichte das Haus mit der Nummer 150 von Libri aus in weniger als zehn Minuten. Es stand an einer großen Kreuzung, gegenüber einem Neubau aus Backstein, in dem das Musical vom *Phantom der Oper* aufgeführt wurde – täglich einmal und an den Wochenenden gleich mehrfach. Ursprünglich hatte der Investor zu diesem Zweck eine ehemalige Filiale der Kaufladenkette 1000 Töpfe auf dem Schulterblatt ins Auge gefasst. Teile der Anwohnerschaft aber kamen ihm zuvor und besetzten den Altbau, um darin ein alternatives Kulturzentrum namens Rote Flora zu eröffnen. Das *Phantom der Oper* zog gezwungenermaßen in diesen weniger malerischen Neubau ein, der in einer vergleichsweise gesichtslosen Gegend stand. Dafür war die Ecke wenigstens nicht auch noch geruchlos: Ein Duft nach Weihnachten lag an diesem Tag in der Luft, der kam vom Rotkohl landeinwärts aus westlicher Richtung. Direkt hinter dem Haus stieg der Erdboden exponentiell steiler werdend an zu einem Damm, auf dem die Züge der S-Bahn verkehrten. Eventuell war diese extreme Nähe zum S-Bahnhof Holstenstraße mit dem Begriff »zügig« gemeint, den ich im Text der Annonce mit dem vorangegangenen Satzbestandteil zu einem mir sinnträchtig erscheinenden großzügig zusammengebracht hatte. Der Vermieter, ein Brite, ging auf meine Frage nicht ein. Wir kannten uns flüchtig, das heißt: Ich erkannte ihn wieder, er führte auf halber Strecke stadteinwärts den Gebrauchtbuchladen »Bob's your Uncle«, bei dem ich hin und wieder eingekehrt war, um mir eine Feierabendlektüre zu kaufen. Die Wohnung, die er mir zur Untermiete anbieten wollte, diente ihm vor allem als Lagerraum für den Nachschub von vornehmlich Taschenbüchern mit schwarzem Rückenschild und orangefarbigen Titeln mit dem hübschen Pinguin im Oval, die in veritablen Schütthaufen und kalbenden Gebirgszügen in wirklich jedem einzelnen der drei mir theoretisch zur Verfügung stehenden Zimmer praktisch anwesend waren. Der Flur, in etwa zehnmal so lang wie sein Artgenosse in der Rendsburger Straße und dazu noch doppelt so breit, durfte keine Ausnahme bilden. Dafür war die Auslegeware, wo sie sich zwischen Büchern zeigte, blau. Und überall in dieser Wohnung war es schön warm. Weil ansonsten, wie der Engländer sagte, das Papier zu schimmeln beginnt. Auch sollte ich mich aus selbigem Grund verpflichten, seine Büchermassen turnusmäßig umzuschichten. Mit den *Satanic Verses* in der Hand, als wäre das Büchle eine Tafel aus Stein: Prophetisch. Verstehe. Millionenwerte standen auf dem Spiel. Es gab einen Mitbewohner, der aber, so mein Vermieter, so gut wie niemals zu sehen war, was wohl mit seinen Arbeitszeiten zusammenhing, derentwegen er auch derart früh wieder das Haus verlassen musste, dass man ihn auch dann stets verpasste. Für die Dauer seines Aufenthaltes in der Wohnung selbst zog er dann wiederum, so der Brite, eine radikale Zurückgezogenheit in seinem Zimmer jeglichem Mitwohnen vor. Kochte auch dort beziehungsweise kochte gar nicht, sodass mir also nicht einmal bei meinen Aufenthalten in der Küche eine Konfrontation mit dieser Kreatur drohte, von der mein Vermieter ja tatsächlich in den mir aus Splatterfilmen bekannten Wendungen sprach, um abschließend dann noch auf besagte Tür zu zeigen: »Promise me to never ever go and try to open his door.«

I never did. Aber ich verkaufte wenige Wochen darauf mein Automobil. Gezwungenermaßen. Es gab dort in der Umgebung meines Wohnortes keine Abstellfläche dafür. Schon im ersten Monat klemmten zwischen den üblich gewordenen Blättern des Herbstlaubs beinahe täglich auch die Strafzettel. Der Begriff von der Parkraumbewirtschaftung war zwar noch nicht offiziell in den Sprachgebrauch eingeführt worden, aber in der Freien und Hansestadt wurde in diesem als zukünftig begriffenen Sinn gehandelt. In kurzer Zeit wurde somit eine Summe fällig gestellt, für die ich mich genauso gut im Taxi hätte fahren lassen können. Beziehungsweise das Geld dem Taxifahrer einfach schenken, weil ich – apropos hinkender Vergleich – mein Auto nie benutzte. Ich ging ja überallhin zu Fuß. Mein Autobesitz war ein Relikt meiner Lebensweise als Dorfbewohner, der über Land in die Stadt hineinfährt, um dort im städtischen Kontext zu agieren. Situativ, wie es nun hieß. Mit dieser Lebensweise war ich aufgewachsen, ich war in sie hineingewachsen. Mit dem Verkauf meines lieben Renault legte ich sie ab.

Freilich hätte man zur sogenannten Abwechslung auch das Umland erkunden können. Ausfahrten am Wochenende, die Fenster heruntergekurbelt, Einkehren im Landgasthof. Angeblich sollte dort auch noch einmal ganz anders aufgetischt werden als in der Schlachterklause Erika's Eck. Also schon dick in Panade eingepackte Schweinskoteletts, aber beispielsweise von einem Spiegelei gekrönt. Kross frittiert natürlich. Und zwischen Ei und Kotelett eine Scheibe Katenschinken – vom Bettvorleger sollt ihr lernen ... Ja, vom holsteinischen Einfluss auf die Hamburger Cuisine sollte noch viel und reichlich auch die Rede sein, doch beließ man es sich selbst zuliebe auch dabei. Frei nach Keats blieben die ungegessenen Koteletts im Norden doch die besten. Seltsamerweise war mit meiner Identitätsfindung als Städter, die natürlich in meinem Fall mit einem Identitätsverlust des Dorfbewohners einhergehen musste, auch die Lust auf die Provinz perdu. Der Timmendorfer Strand klang verheißungsvoll, aber dies in einem Sinn, der mir jetzt überkommen scheinen wollte. Der Sinn Baden-Badens, der Sinn Stralsunds. Damit freilich auch der Sinn des Spießerbetrachtens, der gegenseitigen Provokation bis zu dem Punkt, wo man triumphieren können wollte. Da war ich kitzlig gewesen, aber die Achtzigerjahre waren vorbei. Ganz Deutschland hatte nagelneue Postleitzahlen bekommen. Statt 2000 Hamburg 36 schrieb ich jetzt einen unschönen Zahlencode auf die Briefe an meine Mutter. Und die Frage, ob besagter Identitätsverlust auch damit zusammenhing, dass ich die Seiten gewechselt hatte und selbst zu einem Spießer geworden war, stellt sich nicht. Es gab mehr als bloß zwei Seiten. Dialektik im Raum kannte Zwischenstufen.

Im Fahrstuhl des Hochschulgebäudes stand «Weltraumforschung» neben dem Knopf für das 13. Stockwerk. Mit Bleistift. So war der Humor. Auf dem Gelände war es das einzige Hochhaus und wurde »Philosophenturm« genannt. Ein Architekt der Postmoderne hätte ihm vermutlich eine Narrenkappe aufs Flachdach gesetzt. Gülden. Oder das Flattop eines Psychobillys in memoriam aussterbender Sitten und Gebräuche. Wobei das kreisrund aufgewölbte Dach aus patiniertem Kupfer des sehr schönen Mensagebäudes von dort oben aus betrachtet an eine Brust erinnerte. Xerxes konnte anhand dieser Assoziation, die angeblich bloß mich befallen konnte, wohingegen Weltraumforschung gang und gäbe war, amüsant und auch ziemlich lange extrapolieren bis hin zu den autochthonen Hütten der indigenen Äthiopier, die in ihrem Grundriss – die Hütten, nicht die Äthiopier – auch und doch ganz anders kreisrund waren und ein rundlich aufgewölbtes, aus Stroh geflochtenes Dach hatten, aus dessen Mitte sogar noch ein Stab oder Stock senkrecht in den Himmel ragte, wie um die Nippelhaftigkeit des ganzen Arrangements zentral mit der ihm zugeschriebenen Bedeutung von oben herab aufzuladen. Und so weiter und so fort: Antenne, SETI, Afrofuturismus, Sun Ra, Space is the place, die Schwarze Arche; Äthiopien im Übrigen von zentraler Bedeutung für den Reggae von wegen Marcus Garvey, Ras Tafari, Shashemene, Babylon und Exitus – pardon: -odus, selbstredenderweise.

Nach Sendeschluss kam weißes Rauschen, von meinem Vater stets ein wenig liebevoll auch »Ameisenrennen« genannt. Der Mensch handelt aus seinen Vorstellungen heraus. Ich konnte mir nicht vorstellen, ein Studium durchzuziehen, wie es hieß und was in meiner Vorstellung bedeutete, von jetzt an werktags in die Schlüterstraße zu spazieren, dort herrschaftlich unter Platanen wandelnd an der Brust vorbei und in den Turm, um auf einer Etage mit den anderen Weltraumforschung zu betreiben. Lieber dachte ich allein vor mich hin. Das konnte ich auch schon ganz gut, allerdings gab es noch sehr viel zu tun. In den Anfangsjahren meiner Laufbahn als Wissenschaftler hatte ich vor allem die Tiere im Garten des Elternhauses studiert. Kleine Tiere, zwar nicht wie mit dem ganz feinen Pinsel aus Kamelhaar gezeichnet, aber zum Beispiel die Bienen, denen ich in einem Behälter mit sehr vielen Schubladen aus Plexiglas, der zur Aufbewahrung von Schrauben angeschafft war, ein Heim mit sehr vielen Etagen und darin die einzelnen Zellen eingerichtet hatte. Darin wurden sie von mir, nachdem ich sie mit meinem Kescher wie Kaulquappen aus der Luft und aus den Sträuchern gefischt hatte, mit einer Nährlösung aus Rhabarbermarmelade versorgt. Dabei konnte ich sie durch die Vorderwand ihrer transparenten Kammer beobachten. Es gab Listen. Mein großer Wunsch, eine der zahlreich vorkommenden Raupen, sie waren lindgrün, bei ihrer gesamten Verwandlung über den Kokon bis zum Schmetterling, von dessen endgültiger Gestalt ich mir keine Vorstellung machen konnte, aus der Perspektive eines bienenkleinen Beobachters auf meiner Station begleiten zu dürfen. Immer schied mein Explanandum vorzeitig aus. Anders als der unverwundbare Beaker, ein flaumschopfiger Assistent meines Dozenten, der Jonny Rotten ähnlich sah.

Nach meiner Promotion studierte ich im Aufbau klassischerweise Psychologie mit Schwerpunkt Frauenkunde. Der Kursus schien mir längst noch nicht am Ende. Der Stoff gebärdete sich wie wild, sodass ich, wie Niklas Luhmann mir geraten hatte, bis auf weiteres zu etwas Leichterem übergehen wollte, um meinen Schatz mit Wissen aus dem Bereich der Musiksoziologie anzureichern. Wie einer dieser arbeitslos gewordenen Angestellten, die angeblich ja weiterhin mit Aktentasche zu einer Parkbank gehen, um darauf ihre acht Stunden abzusitzen, strebte ich jetzt, bloß halt anders herum, an den arbeitsfreien Tagen auf den Campus, um mich um die Mittagsstunde in der Mensa einzufinden, wo das in seiner Günstigkeit unschlagbare »Essen eins« *ausgegeben wurde,* wie es hieß. Natürlich nicht umsonst! Zumeist war darunter eine Erbsensuppe zu verstehen, die man freilich mögen musste, worauf sie sich dann aber als solide erwies. Doch während andere nach der erfolgten Einverleibung des erbsgrünen Seims mit Plockwurstwürfeln sich zurück in die 13. Etage beamen lassen mussten, begann ich meine Tour durch die Altplattenläden, von denen ich gleich mehrere in Nachbarschaft zum Philosophenturm aufgespürt hatte. Vor allem in der sogenannten Plattenrille in der Rutschbahn – ohne Straße, der Laden selbst lag dort im Souterrain, verbrachte ich viele Stunden, von denen mir ausschließlich formlos vage Erinnerungen an einen Zustand der Glückseligkeit in vollkommen selbstbezogener

Beschäftigung mit dem Material geblieben sind. Ähnlich beschreiben ja Junkies die Erlebnisqualität von Heroin. Im hinteren Raum traf ich häufig Lukullus, denn in der Rille wurde gut geheizt. Er hatte sein Interesse mittlerweile vom Soul der US-Afrikaner auf die Schwarze Musik Lateinamerikas verlagert. Aber gerade nicht Bossa Nova, weil die Platten mit brasilianischer Musik von den DJs des Mojoclubs kartellmäßig aufgekauft wurden, sondern Salsa. Auch mal Merengue.

»Und das hier – Cumbia?« Grundsätzlich stand er jetzt sämtlichen Spielereien aus der spanischsprachigen Sphäre offen gegenüber »selbst im Tango gibt es tolle Sachen«. Das hatte wohl mit einer neuen Frau zu tun, die an ihm bewusstseinserweiternd tätig geworden war. Miranda Lispector, die berühmte Sängerin. Eine mythische Gestalt, in Chile geboren, vielleicht, und als Kleinkind auf der Flucht vor Pinochet außer Landes geschmuggelt. In einem Container voller Körbe, aus Binsen geflochten. Tjaja: Hamburg, Tor zur Welt. Es gab damals noch keine Möglichkeit, unterwegs ein Bild von einer bestimmten Person aufzurufen. Es gab kein Telefonbuch für Gesichter. Von daher schätzte ich, dass die lukullische Herzkönigin ungefähr so ausschauen würde wie eine *Divine Latin Diva,* von denen eines der Cover in dem Stapel kündete, den ich, während wir redeten, von meinen

Fingerspitzen durchblättern ließ. Ein Genre, das anscheinend von großbusigen Sängerinnen dominiert wurde, wohingegen der von Xerxes bevorzugte Sound der karibischen Sphäre unterhalb Kubas mir als rein phallische Ausdrucksform präsentiert worden war. Von all dem aber wollte Lukullus noch immer nichts wissen. Auch Xerxes Name war für ihn tabu. Und die gesamte Gattung seiner Musik, sämtliches aus Jamaika galt in Sippenhaft für verbrannt. Wohingegen Lukullus mir wiederum die heitere Abart des Calypso näherbringen konnte in Gestalt einer Platte, auf deren Cover ein unförmiger Mensch mit dunkler Haut und Sattelnase im Hawaihemd und dazu noch unscharf aufgenommen abgebildet war. Der Titel des Albums war freilich interessant: *The only black man in the Ku Klux Klan*. Das Logo der Plattenfirma zeigte eine Zigarrenrauchende Meerjungfrau.

»Mal reinhören?« »Schaden kann's nicht.« Pochende Steeldrums, schnarzende Saiten. Das Vinyl war exzentrisch gelocht worden; knistern und eiern, Roman. Unter dämpfend feuchten Schleiern die Stimme des Dicken im Hawaiihemd, mutmaßlicherweise: »She say jewish, you don't look it ...« Jude schien der Mann also auch noch zu sein. Gab aber auch eine Ode an den Kolibri zum Besten – Wann ist das gute Stück denn überhaupt aufgenommen ... 1974! Im Jahr des Tigers. So sollte es denn sein, gekauft.

Mein Freund hingegen hatte sich gleich einen veritablen Stapel unter den Nagel gerissen. Die zweite Neuigkeit war, dass Miranda Lispector am herannahenden Wochenende im Pudel Club gastieren würde anlässlich dessen Schließungsfeier in dem ehemals chinesischen Restaurant, bevor er dann an Heiligabend in einer neue Behausung unterhalb der Hafenstraße wiedereröffnet würde. Übrigens wohl kaum weniger feierlich. Aber das sogenannte Ding war, dass er im Rahmenprogramm dieses unter Garantie vielbesuchten Auftritts seiner Frau, ihrem Gig, ein Rahmenprogramm bestreiten sollte: Er legte dort aus seiner Sammlung sogenannter Latin-Scheiben auf, bei deren Kollekte ich soeben erst selbst Zeuge gewesen war. Und falls ich, darauf wurde ich im selben Atemzug noch hingewiesen, noch mehr »von solchen Nuggets« – er sprach von meinem Mohr im Hemd – auftreiben könnte, bis Freitag kurz vor Mitternacht, wäre es ihm selbstverständlich nichts anderes als eine Freude, mich dort an seiner Seite hinter den Plattenspielern zu begrüßen. Sogar ein Set im Pingpongverfahren bot er mir an. Es gab auch Plakate, für die er die Vorlage jetzt ohnehin noch im Copyshop abgeben musste – imposant. Keinerlei russische Schriftzeichen. Die Neunziger hatten die Serifen abgelegt. Von Lispector kein Bild, bloß der Nachname in Großbuchstaben. DJ Lukullus stand unter *Support*.

Hier könnte Ihr Name stehen. Von da an verbrachte ich meine restliche Freizeit bis zu diesem Wochenende durchgehend in den Plattenläden der Stadt. Die Route ging vom Viertel um die Universität entlang seiner Grindelallee und der *Plattenkiste* zum Bahnhof Dammtor, wo mir ein eleganter Monolith aus Beton und dunklen Scheiben gefiel. Ein Hotel, das SAS Radisson, insbesondere dessen Bar im Erdgeschoss, die unter einem karibischen Motto eingerichtet war und in meiner fernen Zukunft noch eine Rolle spielen würde. Von der ich zu jener Zeit noch nichts wissen wollte. Ging ich doch längst schon, den Gänsemarkt und die dahintergelegene ABC-Straße mit ihrer Chanel-Boutique rechts liegen lassend, über die Kennedybrücke und den darunter gelegenen Unterarm der Alster, drang von dort aus tief bis in das Innere der Innenstadt, wo hinter Hauptbahnhof und Schauspielhaus die lange Reihe ihren Anfang nahm. Hier, bei Zardoz, konnte man fündig werden. Dann erst wieder drüben in Altona, wo es am gleichnamigen Bahnhof eine weitere, vor allem aber weitaus größere Filiale von Zardoz gab. Von dort aus die Max-Brauer-Allee hinunter und am Ende des Schulterblatts bei der Brücke noch bei Slam hineingeschaut. Dort war es kaum auszuhalten, derart drückte die Depression der als Verkäufer angestellten Freaks auf die Stimmung. Im Grunde der Nachteil schlechthin beim Plattenkaufen in all diesen Läden, denn dort arbeiteten vor allem Musiker, deren Durchbruch noch, teils noch immer auf sich warten ließ. Und dass ihnen die Warterei mittlerweile schon an die sogenannte Substanz, wie in Pulpa, ging, ließen sie wiederum an ihrem Publikum aus, weil sie viel lieber ihre eigene Lautmalerei in Vinyl unter die Leute gebracht hätten und nicht schon wieder die Grüne von Sergio Mendez aus den Sechzigerjahren oder die anders Grüne aus derselben Dekade, die von Herb Alpert mit der nackten Braut in einem Haufen Schlagsahne vorne drauf. So gesehen war der Aufenthalt in der Rille wahrlich eine Wohltat, weil der Laden als Fachgeschäft geführt wurde, von einem veritablen Jazzer mit zwei scharfen Z, der die anderen Stilrichtungen eher beiläufig in seinem Sortiment tolerierte wie Gänseblümchen in Dürers Rasenstück, »der Vollständigkeit halber«. Seine Stammkunden scharten sich um ihn am Tresen, wo sie sich gegenseitig Feuer gaben und sich dem glatten Gegenteil der Fachsimpelei widmeten. Sotto voce, Ehrensache. Worüber, das hatte ich in annähernd neun Jahren nie herausfinden können, dabei aber stets vermutet, dass es unbegreiflicherweise um etwas ganz anderes, um etwas noch Bedeutungsvolleres als Musik gehen musste.

Mit dem schmalen Stapel meiner neun Platten aus den Siebziger- und Sechzigerjahren traf ich in jener

Freitagnacht im Club ein. Ich hatte die Langspielplatten daheim auf die verwertbaren Stücke hin durchgehört, aber bis auf den Schwarzen im Ku-Klux-Klan war die Ausbeute nach meinem Geschmack eher zweitklassig geraten. Was auch daran gelegen haben wird, dass ich währenddessen den Fernseher laufen ließ und meine karibischen Sounds partout nicht mit den Videoclips von den Rappern harmonierten. Das meiste, was ich eingekauft hatte, war Instrumentalmusik, und in kurzen Schnipseln ließen sich diese altmodischen Synkopen nachweislich in einen tanzbaren *Riddim* oder auch einen *Rythm integrieren.* Sie im Ganzen übereinanderzuschichten in einem Mix sollte mir nicht gelingen. Perkussives lag rumpelnd übereinander wie ineinander verwoben zu einem Dickicht, in dessen menschengemachter Dunkelheit die Bläser grell und blitzend um sich hackten. Wie wohltuend, geradewegs salbend wurde daraufhin das samtige »A Taste of Honey« empfunden. Beim Pingpong legen die Diskjockeys abwechselnd ihre Scheiben auf die Teller, ihre *Wheels of Steel.* Der Balsam mit seiner wie tupfenden Trompete stammte von einem der beiden Grünen Alben, ebendiesem von Herb Alpert mit der Sahneschnitte vorne drauf. Ein krasser Move von DJ Luke nach meinem Gebolze. Wie um sich selbst dafür zu feiern hielt er die Schauseite der verfemten Plattenhülle ins Publikum wie eine Monstranz. Das gab »props« genannte Ehrenbezeugungen seitens Serafin, der dort beim roten Pekinesen mit seiner Venus wippte. Zur gegenteiligen Äußerung aber hatte sich die Göttliche Diva bemüßigt gefühlt, handelte es sich doch im Falle von Herb Alpert um einen weißen Amerikaner aus den Vereinigten Staaten, der durch seinen Abklatsch hispanischer Volksmusik ... Der Text ihres geschmacksfaschistischen Unterrichts ging in einem Massaker aus meinem Stapel unter. Dynamiksprünge war man in jenem Winter 93 vor allem noch vom Grunge gewohnt. Im darauffolgenden Frühjahr starb Kurt Cobain.

Am Ende dieser Nacht kam Elektra mit zu mir nach Hause. Vor allem, weil sie ja in Eppendorf wohnte und ihre Mitbewohnerin mit Serafin im Schlepp vorzeitig abgedampft war (Venus Augstein fuhr eine Ente, er noch immer den Panda). Im Nachhinein betrachtet dürfte das auch möglich geworden sein, weil Xerxes an jenem Abend nicht erschienen war aufgrund seiner nicht eingestandenen, dafür aber umso wirksameren Furcht vor einem Zusammentreffen mit Lukullus – offiziell, so hatte sie das auch ausgerichtet, schrieb er an seiner ersten Kolumne für *Spex*, in der er sich, auch das wurde ausgerichtet, mit Neuerscheinungen im wiedererstarkenden Reggae nach dem kokainbedingten Zusammenbruch der Branche in den Achtzigerjahren beschäftigen wollte. Das war eine wichtige

Angelegenheit, auch für die Zeitschrift, denn in der Redaktion hatte man bislang vor allem über den Hip-Hop als neueste Spielart der Schwarzen Musik berichtet, das Jamaikanische jedoch nicht gesondert herausgehoben, weil es dafür bislang an Repräsentation im sozialen Raum gemangelt hätte – was freilich nicht stimmte, denn sogar ich war schon auf diversen Festen von Landbewohnern mit den Liedern von Black Uhuru gequält worden. Und seit dem vergangenen Jahr lag das dämliche Lied vom »Sweat, A La La Long« überall dort in der heiligen, die Erde umfassenden Luft, dem lieben Äther, wo der sogenannte Massengeschmack die Oberhand behielt. Auch das würde in der Kolumne zur Sprache gebracht, auch damit würde Xerxes sich beschäftigen müssen, da war er wie James Cameron: Seine Reggae-Kolumne durfte nichts anderes werden als die größte Reggae-Kolumne der Welt.

Außerdem, auch darüber hatte ich im Nachhinein sehr oft noch nachgedacht, war ein weiterer Grund, weshalb sich Elektra nun überraschenderweise mir zuwenden wollte, ein Foto. Denn plötzlich, auch für mich überraschend, stand Jochen Diestelmeyer vor dem Aquarium, das uns als DJ-Pult diente, und hielt sich seine Kamera vor das Gesicht. Es blitzte. Und noch ehe ich das gedanklich formuliert haben konnte, befand sich eine Aufnahme von Ping und Pong in seinem Kämmerlein, Black Box, und war mit ihm verschwunden. Elektra aber, die, wie es sich für die Blaue Blume des DJs gehörte – damals ein diskutiertes Thema, wenig später von einer gewissen Katalina kanonisiert – sich wippenderweise mit einem Drink in der Hand am Rande dieses Geschehens aufgehalten hatte, registrierte das in Blitzgeschwindigkeit. Noch in der Frühe sah sie umwerfend aus. Ein Riot Girl, im Stil ihrer Ära. Und auch sonst. Am Sonntagnachmittag kauften wir Kuchen und spazierten zu Jochen, der in einem dieser Monolithen lebte, die von den Briten – es war erst fünf Jahrzehnte her – an der Hoheluftchaussee gepflanzt worden waren. Die Saat war prächtig aufgegangen. Im Innern der Zellen konnte man sich zu dritt aufhalten – zumindest im Stehen. Sogar im Badezimmer: »Was ist das denn?« Stehbadewanne. Immerhin. Perfides Albion! In der Gitarrenzelle trug er uns einen Song vor, der auf dem Album vom nächsten Jahr enthalten sein würde. Das Cover zitierte Elvis, Titel noch geheim. Im Text ging es um eine Art zu verschwinden. War das noch Motown – damit kannten wir uns aus. Oder war es noch zu wenig, von unserem Wir zu reden?

Sonntäglichen Besuchen bei Kaffee und Kuchen lag eine vertraute Struktur zugrunde, die in mir die familiären Gefühle wachkitzelte.

I love you: Dies war mein schönster Song. Tief empfunden auch. Komponiert ursprünglich als Duett. Sie sollte ihren Part erst lernen. Von hier aus hatten wir es jedenfalls nicht weit zu ihr. Zu zweit lag man nie falsch.

»Ach herrje, in diesem Haus dort drüben habe ich mich einst für ein Zimmer in der sogenannten WG beworben. Ziemlich demütigend, ich wurde ausgefragt. Mir war zuvor eine Blondierung schiefgegangen, beziehungsweise war mir, an einem Sonntag, das Blondierungsmittel ausgegangen. Mein ganzer Hinterkopf gestreift. Stellte sich als Vorteil heraus, weil die Verfügerin des WG-Zimmers deshalb angenommen hatte, ich sei schwul. Dass ich es auf ihre Nachfrage hin nicht vorgab, wurde mir zwar als ein Pluspunkt angerechnet. Insgesamt blieb meine Bilanz aber negativ. Sie wollten eine weibliche Wohngemeinschaft bleiben, wie es hieß. Von der Ausrichtung her. Die gaben eine Zeitschrift heraus, die nannte sich *Neid.* Sag, fühlst du dich auch schon so unbehaglich in deinem Geschlecht?«

Die ganz wenigen Male tut Unvernunft dann aber so richtig gut. Ein Privileg der Jugend. Man zählte schon die Tage. Bald würde ich für voll genommen werden. Selbst nüchtern. Reifen konnte ich alleine, wenn ich erst in der Erde lag. Legt mir eine Glühbirne mit ins Grab! Und, ja, komm doch mal mit: ihr Zimmer ganz oben, mit Blick über die Wipfel von Eppendorf. Meinem Geschmack entsprechend eingerichtet. Hübsche Stereoanlage. »Wie findest du mein

Parkett?« Ganz vorne im Stapel *Groovy Hate Fuck,* Pussy Galore.

Ihr Reich war eine Reggaefreie Zone. Privat hörte sie Tim Buckley. Nächtelang, *Pleasant Street.* Bei Kerzenlicht. Aber erst Aids-Test. Wegen HIV. Der Typ im weißen Kittel, definitiv nicht einmal halbwissend: »Ach, Sie sind gar nicht homosexuell – ja, warum wollen Sie den Test dann überhaupt?« Als ob man sich bei Frauen nicht anstecken konnte. Er behauptete nein, das kaum. Aber natürlich gleich schwanger geworden. Der Arzt war, den Zeitschriften im Wartezimmer nach zu urteilen, Golfer. Gab sich beinahe väterlich, auf eine herablassende, übertrieben verständnisvolle Art. Tätowierungen gehörten noch zu den Raritäten. Eigentlich milieuspezifisch. Eigentlich. Schafft zwei, drei, viele Milieus. So heißt ein Buch? Plateaux, Blödmann!

Den Unterschied gab es also. Der ließ sich nicht wegdiskutieren.

Dafür alles andere. Zumal einiges erst ins Dasein diffundieren konnte, wenn es sich diskursiv aufgelöst fand. Hinter dem Spiegel sah derweil Xerxes, umgeben von kaltem Rauch, von seinem Bildschirm auf und musste müden Blickes feststellen: Er war beraubt. Am Küchentisch saß eine Frau auf den Brettspielen, D-Jane wie er selbst, Kolumnistin auch – er *Spex,* sie *Neid,* auch auf *Spex* unter anderem – die ihm jetzt ihre linke Brust anbot, indem sie den Pulloversaum mit der Spitze ihres Mittelfingers auf der nackten Haut gleitend immer höher und höher und noch etwas höher schob, bis ihre helle, runde, elastische Brust hervorschnellen konnte, um ihn mit dem dunklen Auge zu fixieren: »Na, wie gefällt dir dieser kleine Hund?«

Die Unwucht des gelebten Jeins. Das Andere, die Alternative zur Alternativlosigkeit der gefürchteten Beziehung, versuchte ich kulinarisch zu bewerben. Mit den mir gegebenen Mitteln. Aber selbst die Maultaschen nach altem Familienrezept, die ich gemeinsam mit Serafin für die Frauen zubereitete, konnten nicht überzeugen. Elektra donnerte, sie zieh mich: »Hirtenpack ihr, Draußenlieger und Schandkerle, nichts als Bäuche!« Mit Kartoffelsalat. Und Wein – der damals nicht einfach aufzutreiben war, selbst in den besseren Restaurants der Stadt bestand die Auswahl wie zu Stendhals Zeiten in Rot und Weiß. Es wurde dennoch ein heimeliger Abend, aber davon ließ sie sich nicht bändigen. Denn, so lautete ihre Analyse: Immer nur heimelig würde es nicht weitergehen. Dafür war das Leben viel zu lang. Das schien mir gar nicht so, überhaupt nicht. Im Gegenteil, wie mein Vater zu sagen pflegte. Mir schien es frappierend kurz! Für diesen mitreißenden Strom, der ihr, wie mir der Rhein zu breit war, viel zu lang anmutete, brauchte man ein Gefährt, sonst wurde man abgetrieben. Gottweißwohin. Aber mir schien es allmählich, dass sie gerade dies, das allzu Konkrete und auf eine Form hin Konzipierte, ablehnen musste. Als ob sie einen anderen Plan hatte für ihr Leben, eine Theorie, die sie vor mir geheim halten wollte. Um mich zu schonen, oder weil sie mich dafür zu naiv befand? Es gelang mir nicht, das in Erfahrung zu bringen. Darauf angesprochen, sagte sie nichts. Als wir dann an Weihnachten unsere Eltern besuchten, jeder für sich, war es ihr Wunsch, mit dem sie mich überraschte, eine Nacht heimlich mit mir dort zu verbringen: in ihrem früheren Jugendzimmer. In ihrem Jugendbett. Aber in der Frühe sollte ich mich noch vor dem Sonnenaufgang auf die Socken machen. Die Heimlichkeit vor ihrer Mutter schien dabei wesentlich. Glitzernder Abschiedskuss.

Euphorie auf den Elbbrücken. Das funktionierte bei jedem Mal, auch viele Jahre später noch, immer. Man weiß ja erst zu schätzen, was man gehabt hätte, wenn man es nicht mehr hat. Und ich konnte jetzt Lukullus verstehen. Was er gemeint hatte, wie er den Einflussbereich von Xerxes zu spüren bekommen hatte auf dem Rückflug aus den USA. Ans Gate war er in persona gekommen. Mingus als Römer verkleidet. Man wird doch die eigenen Freunde noch abholen dürfen Punktpunktpunkt

Noch immer kein Heimatgefühl. Nur nicht einbürgern lassen in die hiesige Bürgerschaft. Displaced person forever (*Expansion and Emigration* von G. M. Young). Damit war in der Schwebe aufgehoben, was in meinem Gefühl die Heimat war und was Diaspora – Hamburg oder Heimerdingen – oder bloß ein Exil? Die Stadt selbst tat nicht sehr viel dazu, mich für sich zu gewinnen. Frei nach dem liberalen Grundsatz: Wer nichts macht, macht auch nichts verkehrt. Dass es keine Mülltonnen gab, beispielsweise; dass der Müll in grauen Säcken im Wochenlauf bald haufenweise in den Straßen stand, bis er abgeholt wurde. Das war wie »Komm doch mal mit«, wie Skianzüge, etwas, das für mich jetzt Urbanität symbolisierte. Den alteingesessenen Einwohnern meiner Urbanität aber vermutlich schwer auf den Keks ging. Auf die Idee, mir auch einmal andere Bezirke anzuschauen als immer bloß den einen und seine Randgebiete, kam ich irgendwie nicht. Es reichte mir schon, dass Elektra in Eppendorf wohnte. Die Busfahrt dauerte eine Viertelstunde, es ging über die Osterstraße wie einst über Land, das fand ich weit. Wenn man selbst vom Land kommt, ist die Reiselust auf längere Zeit begrenzt. Sobald man alles, was man immer vermisst hatte, vor der eigenen Tür hat, will man dort nie mehr weg. Im Sommer war ich mit Serafin einmal an den Strand von Övelgönne gefahren, zweimal vielleicht insgesamt, wo es einen Kiosk gab, der Strandperle hieß, wo sogenanntes Alsterwasser ausgeschenkt wurde, das im Grunde ein

MOSES
Lübeck
Berlin
Bergedorf

Hamburg
GIDER×IKK
MERE
GÅRUD×OG
GYNGER!

plettac

ch

Überseequartier

52 € 219,00
52 € 159,00

WEMPE
ICH WÄR GERN NETT,
DOCH IHR OPFER
FUCKT MICH AB.

Der Goldene
HANDSCHUH
JONAS DASSLER
IST FRITZ HONKA
Ein Film von Fatih Akin
NACH DEM ROMAN VON HEINZ STRUNK
AB 21. FEBRUAR IM KINO
天
府
天府酒楼

DOCK 10

„Passat"
„Pamir"
Mit Graf Felix von
Luckner
in die See

die eigene GESCHICHTE
421
425

Radler war aus Bier und *Sprite*. Der Sand war hart und klebrig. Aber man konnte eine sehr gute Aussicht auf das andere Ufer in sich einziehen lassen, wo es bunt lackierte Container und die dazu passenden Kräne gab. Dahinter schien nichts weiter, es war eine Wand.

In Hamburg ließen sich Touristen durch die Speicherstadt führen, die eher ein Städtchen war, aber mit dem Diminutiv hatten die Hamburger es nicht so, wie sie gern zugaben; das mochten sie nicht leiden, wie sie dann gerne sagten. Während es im Speicherstädele leider wie verpestet stank; angeblich aus einer Kakaofabrik auf der Veddel, am Einsiedeleideich, um genau zu sein. Aber dieser Gestank zog nur zu uns herüber, wenn der Wind – ja ja. Von wegen Genuss ohne Reue, euer Lord Reemtsma! Bei mir daheim um die Ecke war offenbar schon der Frühling ausgebrochen. Es simmerte der stückige Kürbis in süßsaurem Sud. Die Innenstadt konnte man auch komplett abhaken, das war die Oberstadt. Nichts für ungut, nichts für dich, mein Schmuddelkind. Dort gab es nichts. Allenfalls den Plattenladen Michelle (mit Sternchen), der ausschließlich Neuware hatte und auch für Kleidung kein einziges Second-Hand-Geschäft. Dafür Ladage und Oelke und The Old Commercial Room. Auf der Schlemmeretage im Alsterhaus stand das Labskaus in Dosen. Und nebenan das Regal mit Junkfood »Made in the USA«. *Marshmallow Fluff*, beispielsweise, schmeckte traumhaft auf Toast. Und Schokoladensauce von Hershey, *ultra dark*. Dark as fuck, laut Serafin. Zwischen Alsterhaus und 24-Stunden-Tanke lagen Welten. Das war wie Hamburger Sparkasse gegen Deutsche Bank. Einen veritablen Culture Clash konnte ich dort in der Oberstadt bezeugen, als ich mich auf Anraten Venus Augsteins mit meiner misslungenen Blondierung bei Vidal Sassoon am Neuen Wall als Färbemodell einliefern ließ. Freiwillige wurden dort andauernd gesucht. Bald saß ich also in meinem Anzug mit der mitgebrachten Frisur wider Willen in einer minimalistisch dekorierten Traumwelt, traumhaft sauber vor allem, aus cremefarbenem Stein. Es lag nichts herum. Und wenn, dann mit Absicht. Anmutig und dementsprechend als Töchter Theresias gekleidet, schwebten die Friseusen einher und verströmten ein japanisch anmutendes Flair. Ein angeblicher Pieter, der in Friseurkreisen als Experte für das Tönen und Färben angesehen war, griff vor dem Riesenspiegel posierend in meinen marmorierten Schopf und sagte: »Du bist eine richtige Straßenköter. Eine Mischung aus Gary Numan und Doris Day.« Vor allen Leuten. Das hatte mir dort, wo ich hergekommen war, noch keiner gesagt. Auf St. Pauli, wie es hieß, lebte man wie bei den Schlümpfen in einem Dorf mit lauter Charakterköpfen, aber ohne den Dresscode. Das war alles freiwillig. Und wie hatte ich doch in

Heimerdingen, meiner Heimat dort unten, den Dorfkrug dort oben, das Diskursstüble, vermisst!

Zur Abwechslung einmal nicht auf der Straße, sondern drinnen vor dem Flipperautomaten stehend, hatte der in diesen Dingen extrem vertrauenswürdige Sänger der Les Robbespierres mir erklärt, dass der berühmte Satz von Jobim zwar stimmte – brasilianisches Portugiesisch klang tatsächlich immer schöner und bedeutender noch als viele andere Sprachen, aber in den Liedtexten aus Brasilien ginge es überwiegend um das Gleiche wie im deutschen Schlager. Er musste das wissen. Im Gegensatz zu allen anderen, die ich kannte, hatte er in Brasilien gelebt und sprach Portugiesisch. Es war halt beides Volksmusik. Wobei Jochen Diestelmeyer sogar noch hier, im deutschen Schlager, einen Fund zu Tage gefördert hatte, der, wie er das nannte, »heftig« war. Aus dem Flippergerät bei der Toilettentür, um das wir im Innenraum des Sorgenbrechers standen, kam alle paar Minuten eine automatische Frauenstimme heraus, die sagte »Make me feel like a woman«. Das Motiv der Flipperscheibe: »Terminator 2«. Den Widerspruch zwischen dem Signifikant und dem, was er von sich gab, galt es auszuhalten. Aber im Grunde war das doch Hinterglasmalerei – oder wurde die bedruckt ...? Jedenfalls Jochen: Da hatte er also diesen Song gerade erst – just – zum ersten Mal gehört, im D-Zug, einer üblen Kneipe, die dem kaum weniger malerischen Goldenen Handschuh gegenüber mehr schon lag als da noch stand. Weil niemand außer ihm das alte Lied noch kannte, sang er es vor, so, wie er es im Gedächtnis behalten hatte: »Smog in Frankfurt, und ich suche mein Girl«. Was an und für sich schon ein Knaller war. »Make me feel like a woman«. Dabei hatte es sich noch um eine Untertreibung gehandelt. In Wahrheit lautete nämlich die diesbezügliche Passage im Zitat »Smog in Frankfurt, schwarzer Nebel / Liegt in Frankfurt, eine fahle Haut / Die die Sicht mir raubt«.

Wer sich jetzt noch fragte, ob die fahle Haut denn jemals, ob Fahlheit oder ob Haut, gemeinsam, einsam, oder eine jede bloß für sich genommen, denn jemals schon – ob in der Musikgeschichte, ob irgendwo in der sogenannten Realität – die Sicht von irgendwem, von irgendwas geraubt?

Der hatte kein Herz für Poesie.

»Genau«, schrie Xerxes. »Ganz genau!« Damals schon mit drei Ausrufezeichen und alles in Großbuchstaben. *Angelus Novus, my ass!* Poesie und deutsche Texte, die Befindlichkeiten, das war alles Kinderkram; »Make me feel like a woman« ... politisch auch falsch, das musste man sehen. Konterrevolutionär. Bis auf Heiner Müller selbstverständlich – manchmal musste er selbst lachen über seine stalinistische Eiseskälte. Über den Furor. Seinen germanischen Hass. Dazu kam bei ihm noch der von ihm als gutartig empfundene Todesdruck einer andauernd oder fortwährend an ihn herandrängenden Flut kultureller Produktion. Platten, Singles, LPs, Alben, Bänder, CDs, Tapes und Kassetten, Bücher, Zettel, Flyer, Gesänge und Kleber, dumme Sprüche, Dialoge, ganze Szenen, Raps, in tutto completti und vulgo: Texte aller Art. Auch die gesprochenen, aber vor allem halt die zum Lesen, Scanner waren noch nicht verbreitet, aber vom Prinzip her ging es darum, auf Weltrekordniveau quadratmeterweise Grauwerte in das Hirn hineinzulesen, um sie bei Bedarf wieder aus dem Gehirn abrufen zu können, herunterzuladen im Grunde, innerlich, um aus den markierten Stellen in einem Dokument des Textverarbeitungsprogramms Word einen eigenen Text herzustellen, der dann abgedruckt werden konnte, damit er von anderen wiederum Punktpunktpunkt Bei meinen Schichten im Hause Libri hatte ich des Öfteren viel Zeit für mich herausgeschunden in der Kontemplation, wer all die Bücher lesen würde, die dort in leuchtend gelben Plastikwannen von den raumgreifenden Förderbändern in die sogenannten Kanäle *eingeschossen* wurden, wie es hieß. Am Ende eines jeden Kanals stand ein Packer. Die Inhalte aus jeder einzelnen Plastikwanne bekamen jeweils einen eigenen Karton. Deckel drauf und ab die Post. Manchmal gab es dort oben Stau, dann flogen die Wannen, und es musste von Hand nachsortiert werden. Dann fluchte der Schichtleiter. Der sprühte sich das Innere seiner Schuhe mit einem Deodorant ein, extra hergestellt für das Schuhinnere, für Füße, aber das sprühte er direkt in seine Schuhe hinein, um sein Schuldgefühl aufgrund der übermäßigen Transpiration abzuspalten und dem Innenfutter seiner Schuhe zuzuschreiben. Und er dachte wohl, ich sehe das nicht …

Schon klar, aber was du machst, hat für mich halt nichts mit Schreiben zu tun.

Und was du machst, halt für mich nicht.

Na dann – Klare Sache. Mexican Standoff. Apropos in dem neuen Film von Dominik Graf – »Make me feel like a woman«. Schon ging es von Neuem los.

Eventuell lag es ja an der Droge, die ihn angeblich entspannte. So wie diese Musik, Reggae, die ja angeblich auch und ebenso angeblich auch wiederum dieser Droge wegen so friedliebend war. Xerxes jedenfalls brachte die Kombination aus beidem, Friedensdroge und Musik, andauernd auf die sogenannte Palme, von wo er zeternd auf sein Volk herunterblickte und die alten, traurig machenden Lieder sang. Für ihn, da verstand er auch kaum Spaß, war das Rauchen von Cannabis und Marihuana, von Sensimilla und vor allem halt von Ganja mittlerweile zu einer Glaubenssache geworden. Das gehörte, wie alles, zu seinem groß angelegten Blackness-Erforschungsexperiment (»Projekt: Theorie der Blackness. Laufzeit: lebenslänglich. Kosten: keine«). Da konnte man in der Stimmlage von Gil Scott Heron aus *White Negro* zitieren, für Xerxes ging es in den Texten des Reggae um mehr als in »Schöne Maid, hast du heut' für mich Zeit«. Auch ein durchaus als kontrovers zu bezeichnendes Lied wie »Boom Bye Bye« von Buju Banton ließ sich nach seiner fachgerechten Zerlegung augurisch auf eine unerhörte Weise deuten, selbst wenn im Refrain unmissverständlich zum Ermorden von Schwulen durch Kopfschüsse aufgefordert wurde. Laut Xerxes war diese Aussage von Banton vielleicht noch intendiert, aber die darin eingeschriebene Gewalt war im performativen Sinne als eine durchlässige zu verstehen. Und das wiederum beinahe zwingend, denn einer landläufig gewordenen Exegese der Inselsprache Patois zufolge war diese selbst als strategische Appropriation der als Unterdrückungssprache markierten Lingua franca englischer Kolonialherren anzusehen. Oktroyiert selbstredend. Auf Jamaika, wo Xerxes selbst noch nie gewesen war, sollte sogar mithilfe von dem pfundweise dazu eingenommenen Salz nichts zum Golde jemals werden, das als glänzend ward besungen, beziehungsweise vice vesa – was somit auch vor allem diejenigen unter den Jamaikanern betraf, die andersherum gepolt waren. Die Spinatstecher also, die rückwärts einparkten und die sich, wie Jäcki einst in der Palette, die Uhr gegenseitig aufzogen. Dies alles war am Ende der Welt – also hier in Hamburg, von Jamaika aus betrachtet – nicht wörtlich zu nehmen. Das Gegenteil von expressis verbis lag hier vor. Sie hören den Buschfunk, am Mikrofon der Signifying Monkey, *talking Wax And Gold.* »Make me feel –« So. Pass auf Süße: Zweimarkstück rein in den Schlitz hier, das Ding, rausziehen und ganz lässig schnalzen lassen. Wie heißt dieses Ding überhaupt? Welches – das Ding? Ach so, das! Das heißt ganz einfach Ding.

War das denn möglich? Offenbar hatten wir uns über das Nachrichtensystem Pop mit dem institutionalisierten Rassismus aus den Vereinigten Staaten anstecken lassen. Der kam jetzt mit der üblichen Verspätung von vier Jahrzehnten und ein paar Zerquetschten in unserem von den Yankees kolonialisierten Unbewussten, dem kollektiven, an. Am Ende der Fifties hatte dort drüben, auf der anderen Seite des Großen Teiches Mailer geschrieben: »If marijuana was the wedding ring, the child was the language of Hip for its argot gave expression to abstract states of feeling which all could share; at least all who were Hip. And in this wedding of the white and the black it was the Negro who brought the cultural dowry.«

In meiner Wirklichkeit, im Kontext des Hamburger Bergs gab es an sogenannten Farbigen die Drogendealer aus Ghana, die anonym auftraten, und den Zuhälter Karl-Heinz Schwensen, ein fränkisches Besatzerkind, bekannt aus *Tempo*, *Mopo*, Funk und Soul, der Neger-Kalle genannt wurde. Die Nutten waren alle weiß.

Der Große Burstah

Nach Neujahr fiel tatsächlich Schnee. Nicht viel. Im süddeutschen Auge nicht der Rede wert. Direkt vor meiner Haustür, einer ansonsten belebten Ecke, führte die weiß überhauchte Straße erst zu einem Verkehrschaos, dann zum völligen Stillstand des öffentlichen Lebens, wie ich es gewohnt gewesen war. Ich sah einen Bus, einen von den langen mit dem Ziehharmonikagelenk in der Mitte, wie er, dabei einem verwundeten Tier nicht unähnlich, sozusagen versuchte, in die rettende Bucht einer Haltestelle einzubiegen, doch glitt er wie auf Öl zur Straßenmitte hin, wo er dann quer über zwei Spuren zum Halten kam. Warnlichter gesetzt. Doch doch, da kamen noch ein paar Flocken. Passanten hatten plötzlich Glasknochen in den Füßen. Blitzeis war noch nicht erfunden. Zum ersten Mal in meinem Leben wurde ich in meinem Land mit den regionalen Eigenheiten seines Volkes konfrontiert.

Das sollte jetzt häufiger geschehen, denn gegen Ende eines winterlichen Abends, an dem auch viel vom Schnee die Rede gewesen war, wurde ich angesprochen von einem Mann, den ich von Fotos vage kannte. Zur Stammkundschaft am Hamburger Berg gehörte er aber nicht. Er fragte mich, ob ich als DJ seine Band auf eine ausgedehnte Tournee durch die deutschsprachigen Lande inklusive Schweiz und Österreich begleiten könnte. Bei dieser Band handelte es sich aber nicht, wie ich leichthin hätte annehmen können, um seine Hauptband, die Goldenen Zitronen, sondern um eines seiner Nebenprojekte, die Band hieß Die Stars – bei Bandnamen wie bei Internetadressen sind es die simplen Ideen, die am überzeugendsten wirken auf den Publikumsgeschmack: Die Sterne war ironisch um die Ecke gedacht, Die Stars zielte direkt auf die nicht nur im Rock-Gewerbe sogenannte 12.

Er trug einen gut sitzenden Anzug aus der Ära meines Vaters. Sehr schöne Handschrift. Wie gestochen. Ich fand mich pünktlich zur angegebenen Uhrzeit am Abfahrtsort ein.

Wie ich fand, hatten sich zu der besagten Zeit schon mehr Gestalten im Umkreis der Ladeklappe eines mittelprächtigen Kleintransporters versammelt, als in dessen Innerem überhaupt Platz finden konnten. Wie es sich aber herausstellte, sollten während einer Fahrt durch Altona noch weitere Mitglieder der Band eingeladen werden. Einer, der auch etwas abseits von dem rege diskutierenden Getümmel stand und auf mich feinfühlig wirkte, schaute mich lange an, sagte aber dann doch nichts. Ebenfalls abseits stand eine grazile Figur aus der Ära des Doo Wop. Ich hatte mich schon immer gefragt, wie meine Mutter ihre Frisur für die Aufnahme des Hochzeitsbildes so hinbekommen hatte – eine Frage zur Bildhauerei. Konkret: Was befand sich im Innern des sogenannten Bienenkorbes – weiteres Haar? Oder irgendein Füllmaterial? Und wenn, dann welches? Einmal hatte ich, um dieser Frage auf den Grund zu gehen, meinen Stoffhasen einer Vivisektion unterzogen. Wer nicht fragt, bleibt halt nicht zwangsläufig dumm.

Die Frauenfigur im Schnee trug von Kopf bis Fuß Schwarz und rauchte ihre selbstgedrehte Zigarette in einer langen Spitze. Der etwas abseits von ihr stehende Mann war der ihr vorangegangenen Ära des Farbfilms entlaufen. Mit einem mokanten Zug um den Mund und einer bodenlangen Pelerine aus kariertem Tweed samt der berühmten Entenfängermütze. Es fehlte bloß noch die markante Tabakspfeife, Modell *Deer Hunter*, zu einem Bild vom Meisterdetektiv à la Billy Wilder. Bei der erhitzten Diskussion, die bald nur noch zwischen ihm selbst und Ted Gaier, der mich geschanghait hatte, geführt wurde, ging es, wie beim Einchecken üblich, um Übergepäck. Dieser Holmes war nämlich Zauberer. Und in den diversen Überseekoffern hatte er seine Requisiten mitgebracht. In den Hutschachteln wiederum befanden sich Teile des Gaier'schen Schlagzeugs, das dieser sich, obzwar in seiner Stammband für die Arbeit am Bass berühmt geworden, für die Dauer der Tournee ausgeliehen hatte. Das Pausenspiel Tetris war damals noch nicht sehr weit verbreitet. Packkünste dementsprechend hoch angesehen bei der weiblichen Bevölkerung. Nicht bei allen natürlich, so trat die bis eben noch rauchende Assistentin des Zauberers mit einer an Lotte Lenya geschulten Fußbewegung ihre Kippe aus und machte mit den schwarz geschminkten Lippen eine ähnlich lautende, die ich von den Französinnen kannte. Dort wird sie »bof« transkribiert.

Das alles hätte mir eine Warnung sein können, jedoch war ich als Zögling Honigtau-Bunsenbrenners erpicht darauf, wie er es nannte, die Experimente in Bandchemie und Gruppendynamik vorgeführt zu bekommen. Dass ich als ein Passagier des Busses auch daran beteiligt würde, blendete ich aus. Derart tief einzutauchen, beabsichtigte ich nicht.

Es gab keinen designierten Fahrer. Auch keinen Caterer oder Manager. Die Band entsprach auf einer frühen Stufe dem neoliberalen Konzept vom agilen Unternehmen, in dem die Aufgabenverteilung andauernd rollierte. Im Zentrum blieb Ted. Die Assistentin und der Zauberer selbst wurden gar nicht erst gefragt. Ich war zu jung im Sinne von grün (die Sahnescheibe hatte ich mir von Lukullus ausgeliehen für die Dauer der Tournee, wobei Nick Cave erzählt hatte, dass Blixa

Bargeld als Gitarrist zu den Tourneen ohne Gitarre erschienen war; der lieh sich dann eine von den Vorbands aus). Julius, der mich schweigend bemitleidet hatte, verrichtete selbst niederste Arbeiten schweigend und sagte selbst nach mehrstündigen Diskussionen allerhöchstens einmal »Mann«, ohne jedoch in Details zu gehen. Auch die Ausrufezeichen sparte er sich. Dann gab es noch einen Organisten mit dem Bühnennamen Reverend, der ein Alkoholproblem vor sich her trug, um nicht von Ted zur Rechenschaft gezogen zu werden für sein unverantwortliches Verhalten, das somit und ursächlich nicht länger in der ihm vorgeworfenen »strukturellen Faulheit« zu begründen war – wobei ich diesen *Move* argumentativ für derart smart befand, dass ich ihn mir für eine der künftigen Auseinandersetzungen mit Xerxes unbedingt einprägen wollte –, sondern in seiner von mir als überaus anmaßend empfundenen Definition des Geniebegriffs. Au net schlecht! Wie aus der Skizze dieser Konstellation allmählich ersichtlich werden dürfte, wurde auf den langen Fahrten zwischen den Auftrittsorten in den mittleren und etwas größeren Städten der alten Bundesrepublik lang und heftig auch gestritten. Der Rhythmusgitarrist, der sich im Bühnenleben Psycho nannte, schaute dann mit seinen blauen, sehr großen Augen wie sinnierend aus dem Fenster. Er hatte kein Problem mit Alkohol, bloß mit zu viel Gerede, weswegen er sich schon frühmorgens dem Jägermeister verschrieben hatte, aus sehr kleinen Flaschen. Insgesamt mit dem Sonnenlauf dann nicht übermäßig viele, aber der Pegel hatte gehalten zu werden. Damit die von ihm als tot empfundene Zeit im Bandmobil ohne seine Gitarre auf eine ihm erträgliche Weise vorüberging. Den Führerschein aber nicht verloren, sondern nie einen gemacht; machen müssen – als ehemaliges Mitglied der Stammband hatte er sich in anderen Zeiten, die für seinen Geschmack nicht unbedingt besser gewesen waren, herumfahren lassen. Musik gehört wurde auf der Autobahn überraschenderweise wenig. Reine Präventivmaßnahme. So gab es bei der Auswahl der Kassetten keinen Anlass für Diskussionen. Auch das würde bald aus meiner Sicht beinahe schon diskussionswürdig sein: Warum ausgerechnet das nun nicht diskutiert werden sollte et cetera.

Im Übrigen kam es wie in dem Lied von den Lassie Singers zum von denen sogenannten »Rumfah'n«. Mittlerweile verstand ich deren Betonung auf dem Ennui. Und ich verstand jetzt auch den Sinn vom Rumstehen und Rumlabern im Sorgenbrecher und anderswo: Das war das Prinzip des Backstage auf den sozialen Raum übertragen. Backstage saß oder stand man herum und war entweder angespannt, weil der Auftritt, der den momentanen Daseinsgrund bildete, bevorstand, oder aber man hatte den Daseinsgrund hinter sich und damit alle Rechte erworben, sich zu entspannen. Wobei ich auf dieser Tournee in beiden Fällen stets die Höhepunkte versäumte – ich war ja angeheuert worden, um vor und nach den Auftritten der Band meine Schallplatten aufzulegen. Ich hatte also immer dann Schicht, wenn der Rest der Besatzung Pause hatte und umgekehrt. In den Binnenpausen des Auftritts der Band trat der Zauberer auf. So entstand ein nahtlos ineinandergemischtes Unterhaltungsprogramm. Bieten ließ sich das ein von Nord nach Süd durch Deutschland und bis ins schweizerische Luzern hinunter überraschend heterogenes Publikum aus älteren und jüngeren Punkrockern und Punkern, das sich durch seine Erwartungshaltung geeint fand: Sie wollten die Hits der Goldenen Zitronen noch einmal hören beziehungsweise vorgespielt bekommen. Und zwar live! Vor allem halt die Juvenilia, beispielsweise »Für Immer Punk«. Die Stars waren aber zu einem gegenteiligen Zweck gegründet worden. Im Grunde handelte es sich nämlich gar nicht um eine Tournee, dafür um eine kreative Reha-Maßnahme auf Rädern. Das Jahr 1994 war ja ein in vielerlei Hinsicht entscheidendes Jahr für Musik aus Hamburg. Am 5. April würde Kurt Cobain sterben. Infolgedessen entstand in der Musikbranche weltweit ein Machtvakuum – wirtschaftlich wie künstlerisch –, die Bewegung stand ohne Anführer da. Der Durchbruch von Cobain und seiner Band mit »Smells Like Teen Spirit« hatte sehr viele Bands aus einer heterogenen Subkultur, deren verbindendes Element allenfalls der Sound verzerrter Gitarren war, in das Kraftfeld des Stadionrockstartums gesaugt. Der Dokumentarfilm *1993 The Year Punk Broke,* den ich seinerzeit mit Elektra gesehen hatte, weist als Ganzes vor allem auf die Fragilität einer von den Beteiligten selbst als utopisch empfundenen Situation, die in der Popgeschichte beispiellos war. Die am Business Case Disco (BCD) geschulte Praxis des Aufsaugens, Einziehens und Ausscheidens von auf diese industrielle Weise konsumerabel gemachten Nischenprodukten würde sich fortan mit jeder auch noch so marginalen Mikrorichtung der Popkultur wiederholen lassen. Die Schnaube des Industriestaubsaugers ließ keine Ecke mehr aus, und war sie auch noch so mit Spinnweben verkleistert, noch so obskur. Jede Nische hat ein seinen Marken treues Publikum, das sich mitsamt diesen Marken als Lebensstil vermarkten ließ. Und dies, um einen Begriff aus der Fertigbautechnologie als Schwundstufe von Architektur zu verwenden: schlüsselfertig. Als Analogie aus der Sprache der Mode: Ready to wear.

Die Stammband hatte ursprünglich gleichauf gelegen mit den Toten Hosen, war im weiteren Verlauf der Entwicklung im Deutschpunk zu deren Vorgruppe geworden und hatte schließlich im Gegensatz zu den Rockstars aus Düsseldorf einen sogenannten Mehrplattenvertrag abgelehnt, den der damalige Geschäftsführer der Polydor in einem mit Schreibmaschine geschriebenen Brief unterbreitet hatte. Goldene Konditionen, unterschrieben mit »Tschüß Polydor GmbH Tim Renner«. Tschüss da freilich der hamburgischen Aussprache gemäß mit Scharf-S, das wir im Schwäbischen als *Dreierles-S* bezeichneten. Und die Punks auf der Königstraße von Stuttgart sagten »Jonger«, wenn sie eine Mark begehrten, die auf der Reeperbahn von den Rolltreppen-Schnorrern »Alter« gerufen wurde. Aber alle wollten sie die sprichtwörtlich gewordene eine Mark. Punk war halt nicht tot, so viel Anfangsenergie konnte im geschlossenen System der Gesellschaft nicht verloren gehen. Punk war verelendet. Wenn es gut lief, nicht ganz so pennermäßig wie bei den Schnorr- und Alkoholikerpunks. Der ominöse Mitbewohner, beispielsweise, den ich bei Anmietung meiner Wohnung gegenüber dem *Phantom der Oper* hatte mitanmieten müssen, war in den Anfangstagen, *back in the days*, als *Greek god* von Zeus Rocko als Schlagzeuger engagiert worden. Als der dann aber im Jahre drei bevor *Punk broke* für *Jeans und Elektronik* bei einem Major Label unterschrieben hatte, waren auch andere Fähigkeiten gefragt – plötzlich. Jedenfalls empfand mein wunderbarer Mitbewohner das als schlagartig. Wie aus heiterem Himmel.

Heroinabhängige leben ja auch von ihrem Zeitgefühl her in einer Parallelgeschwindigkeit des menschlichen Lebenslaufs, in der die Prozesse insgesamt mehr fließend und in dieser Zähflüssigkeit auch beglückend wahrgenommen werden (Abb. Heraklit »The Man«). Der damit einhergehende Realitätsverlust ist, wie alles, eine Frage der Perspektive. Ich jedenfalls hatte mich, *pardonnez-moi*, dann doch erschrocken, als wir uns, da war es Nacht, ganz ohne Vorankündigung auf dem Flur begegnet waren. Ohne einander vorgestellt worden zu sein, bekanntlicherweise. Er hatte sich die Augenbrauen rasiert. Und ein Netz aus tätowierten Umrisslinien, wie von Puzzleteilen, über dem Gesicht.

Solche ganz harten Fälle, die Veteranen, tauchten auf der Tournee bloß noch in der Schweiz auf – überraschenderweise, beziehungsweise gerade nicht, weil es keine andere Jugendbewegung gibt, die derart rasch ihren Zenit überschritten hat, sodass Nostalgie und Spätzündertum und Revival kaum voneinander zu unterscheiden waren. Umso lernwilliger lauschte ich dazu Ted und seiner geduldigen Vortragsweise. Bald konnte ich in unserem Publikum die drei Shades of Punk fehlerfrei auseinanderhalten: Leute, für die St. Pauli einen vergleichbaren Status hatte wie Nashville. Das waren die Dorfpunks mit Sonnenbrand im Nacken vor lauter Feldarbeit an der frischen Luft. Und Leute, für die St. Pauli einen mit Woodstock vergleichbaren Status hatte: Punks im Ruhestand. Mit einem Angestelltenleben und Punkfrau und Kind. Die Bandmitglieder selbst waren vom dritten Typus: Akteure, denen man ihre Punkvergangenheit nach den landläufigen Definitionen nicht mehr ansehen konnte, weil Punk mehr oder weniger zur kulturellen Techné, zur Herzensangelegenheit geworden war. Die Musik beispielsweise hörte sich exakt so an wie die jener Band, mit der mein Vater aufgetreten war, bevor er meine Mutter geheiratet hatte im Jahr 1968. Der Zauberer zauberte wie eh und je einen weißen Hasen aus dem Zylinder, wie auch ich einen in echt besessen hatte als Kind. Dann schoss er ihm mit einem Revolver eine Platzpatrone ins Herz, worauf von dem Hasen bloß noch die flauschig blutverschmierten Ohren übrigblieben. Die er zwischen seinen Fingern lustig wackeln ließ, während seine Perücke Funken sprühte. Den Rest hatte die Assistentin derweil in der Servante entsorgt. Das alles (und noch viel mehr) sah ich vom Bühnenrand aus, meinem Platz, bis ich selbst wieder auftreten musste. Die Abende, die Auftritte, die Rumfahrerei: Es verlief alles nach dem Rhythmus endloser Wiederkehr. Unaufhörlicher Virtuosität natürlich auch. Nach anfänglichen Adaptionsschwierigkeiten hatte die Strapaze eine hypnotische Qualität bekommen.

Und natürlich konnte man danach süchtig werden. Kein Flash ist nur angenehm, aber auf Dauer obsiegen seine freundlichen Facetten. Laut einer populären Weisheit aus der Zeit vor Punk verreist die Seele aufgrund ihrer unterschiedlichen Materialität mit einer vom Rest des Körpers unterschiedlichen Geschwindigkeit. Das heißt, sie kommt nicht hinterher mit den pauschal als nicht seelengerecht erachteten Transportmitteln der Menschheit, und im Grunde läuft das jetzt schon so seit dem Kamel. Zurück in Hamburg brauchte es bei mir tatsächlich noch Wochen, bis ich in der Schatzstadt angekommen war. Ruhelos geisterte ich durch das Labyrinth der Backstage-Räume, immer auf der Suche nach meinem alten Selbst. Als wir uns trafen, sah ich im Spiegel älter aus. Wir hatten uns verändert. Distance makes the heart beat faster. Das sollte eine Drohung sein! Ich war rapide gealtert.

Keine Frage der Geschwindigkeit, sondern eine der Intensität. Oder wie es in dem Schweizer Schlager hieß: »Rock 'n Roll hat deinem Leben / Einen neuen Sinn gegeben«. Vor allem wusste ich jetzt, was ich nicht wollte: auftreten. Oder rumfahren. Das paradiesische Leben *on tour* war vom Effekt her ein künstliches gewesen. Ein Ausnahmezustand. Vor allem brauchte man zu dessen Herstellung eine Entourage, die man führen können musste. Und das auch wollen (es sei denn, man machte es wie Hannes Wader). Der Soundcheck war die Stunde gewesen, in der die Magie sich auf mich übertrug. Nur in der Probe, und nicht während der

Showtime, war man als Künstler ganz allein in der Welt mit den anderen und trotzdem bei sich. Man probiert etwas aus, spielt mit, wird geregelt. Und wenn man aufschaut, ist die Zeit aller, auch die meine, auf die schönstmögliche Weise vergangen. Der Applaus kommt aus dem Inneren. Im Paradies dieses Aufgehobenseins in der Welt hätte ich bleiben wollen. Nennt sich Flow.

Ich war eine Ewigkeit lang weg gewesen, Serafin hatte sein Studium abgebrochen und ein Volontariat bei der *Hamburger Morgenpost* begonnen. Normale Zeitungen gab es in Hamburg nicht. Im Geist unserer Ära nannte sich unser Fanzine *Transporter*, die Gesamtauflage betrug einhundert Stück, die auf den Schreibmaschinen unserer beider Mütter (»Gabriele« beziehungsweise »Tippa 1«) getippten Textseiten wurden fotokopiert und klammergeheftet, 48 Seiten im Format Din A 5, mit zahlreichen Abbildungen, von Hand in ein eng anliegendes Zip-Lock-Tütchen eingepackt. Preis dafür: drei Mark. Unser redaktionelles Konzept sah eine deutlich über den Süllrand eines Fanzines in sämtliche Richtungen leuchtturmhaft hinausschauende Orientierung vor. Vom Erlebnisaufsatz bis zur Rezension sollte alles möglich sein und wurde dann auch möglich gemacht. Anstelle eines Editorials stand auf der ersten Seite in Stempelschrift »Ich war der erste für Buju Banton«. Nicht nur den Vertrieb über die Plattenläden übernahmen wir selbst, wir selbst waren es auch, die auf dem von Hand mit ultramarinblauer Farbe bestempelten Umschlag abgebildet waren beziehungsweise lagen: nackt in einem Bett mit reichlich Mascara Meltdown um die Augen wie zwei queere Pandabären (seinen hatte Serafin nun endlich verkauft, um den Dispokredit ins Reine zu bringen). Vorbild dieses Motives war das Cover einer Maxi-Single von Madonna, *Bad Girl,* das musste mitbedacht werden, um unsere Aussage komplett zu verstehen. Bei mir war es ganz sicher auch das Versprechen gewesen, dass Elektra uns schminken würde. Auch wenn sie angeblich albern fand, was ich trieb. Ähnlich albern wie meinen Auftritt als Kurt Cobain in einem Film von Arnobius, den er für seine Zwischenprüfung auf der Filmhochschule brauchte. Den Part von Courtney Love hatte dann Angela übernommen, die wir einst auf der Insel Favignana kennengelernt hatten, sie wohnte dort in einem Hotelzimmer eine Etage unter uns und ließ ihr Haar nach dem Duschen dort lufttrocknen, im föhnwarmen Wind. Man wusste nicht genau, wie Cobain es gemacht hatte. In der *Zeit* stand darüber nichts, dazu die Überschrift »A denial!«, also steckte ich mir den Lauf des Luftgewehrs tief in den Mund. Dazu lief im Film später Blumfeld, »Superstarfighter«, auf dem Cover des Albums war Elektra abgebildet, ihr Gesicht ausgeschnitten aus jener Aufnahme, die Jochen von uns beiden im Pudel Club gemacht hatte. Auch das wollte ihr jetzt nicht mehr gefallen. Nicht wirklich. War es denn wirklich cooler, im Sinne von elegant, bloß noch Sample im Text des anderen zu sein, als zum Bestandteil einer Collage gemacht zu werden, ausschnittweise, frage ich. Beim Konzert in der Fabrik wurde Jochen von den Veteranen der Bewegung mit Reclam-Heften beworfen (*White Negro* nicht darunter). Als der *Transporter* erschienen war, ersparte Elektra mir ihren, wie sie es in seinen Worten nannte, *Diss*.

Wir waren dabei, uns auseinanderzudividieren, wie es mittlerweile hieß. Für sie kein Problem, da wir, wie sie seit Neuestem wieder betonen wollte, überhaupt noch nie zusammengewesen waren. Für sie, auch das war nicht mehr neu für mich zu hören, gab es Wichtigeres im Leben als »diesen Liebesscheiß«. Zum Beispiel ihre Forschungsarbeit. Da hatte sie sich auf seine Anregung hin vom ursprünglichen Arbeitsfeld, der Analyse von Strategien zur Repräsentation männlicher Macht in dem Arthouse-Film *Reservoir Dogs,* mit der sie bei Xerxes beim Vorsingen durchgerasselt war, auf die Figuren des Weiblichen generell verlagert. In Film, Text, Musik und sogar Tanz. So tröpfelnd war in ihrer Ära noch der Output feministischer Wissenschaftsprosa aus Deutschland, dass ihr das als ein vergleichbar fruchtbares Feld erschienen war wie die Blackness, an deren Erforschung Xerxes drauf und dran war, sich verdient zu machen. Zumal Elektra eine lange rote Linie ausfindig gemacht hatte, von Macbeth über Orlando bis zu Sarah Connor; vom »*Un-Sex Me*« bis zum Un-Moral-Me ihrer Ära. Daran, an der inneren Aufrüstung von Frauenfiguren, gedachte sie sich abzuarbeiten. Dekonstruierenderweise.

»Come with me, if you want to live« – hieß man den Terminator noch *die* Maschine, oder war er vom Identifikationspotenzial für die Zuschauer definitiv als Mann codiert? Oder beides – eingedenk der Verkörperung eines schwangeren Mannes durch den selben Darsteller; Arnold Schwarzenegger, schon in seinem zweiten Film symbolisch kastriert mit einem Billard-Dings, äh dingens: Queue heißt der Stab. Wie bei Genet! Die Zeichen oszillierend zwischen den Identitäten. Bald oszillierst du auch.

»I cannot self-terminate. You must lower me into the steel.«

Nach einem Konzert hatte ich auf einer verlassenen Bühne ein herrenloses Schlagzeug gesehen, das Fell der Bassdrum war mit Buchstaben aus Folie beklebt. Dort stand: *Das Große zertrümmern/Die Trümmer zerschlagen/Die Steine fein mahlen/Den Staub in den*

Wind. Als sie mir verkündete, in ihren Semesterferien mit Xerxes nach Jamaika zu reisen, machte ich Schluss. Sie schickte mir einen Brief aus Jamaika, ironischerweise auf rosafarbenem Papier, den ich nicht las, nicht einmal aus seinem Umschlag nahm, aber behielt. Die Geschichte über seinen Trip war derweil in *Spex* erschienen. Aufgemacht mit einem Bild in Schwarz-Weiß über eine Doppelseite: Boxen turmhoch, nirgends Palmen, selbst Wolken verkrümelten sich, ein Kingdom of Sound. Statt Karten. Über drei Ecken war unser Verhältnis in die mediale Sphäre transzendiert.

Der Schotte nahm mich eines Nachts beiseite und bot mir einen neuen Job an. Er sagte wörtlich, wenn ich weiterhin nachts im Backstage arbeiten würde, ginge ich »kapoott«. Das war kein Scherz. Wer im Vorraum der Macht hängenblieb, wurde bitter wie ein Künstler als Verkäufer im Plattenladen, der bloß auf seinen Durchbruch wartet, der aber doch nie kommt. Der Schotte selbst hatte sich schon seit einiger Zeit aus dem Nachtleben zurückgezogen und war jetzt stiller Teilhaber des Wieners geworden, dessen Geschäfte florierten. Durch seine fachgerechte Geschäftsführung war der Golden Pudel Club zur Institution geworden, *Tempo* vergab fünf von fünf Männchen. Für die wachsende Mehrheit fing die Postmoderne jetzt erst richtig an.

Der Schotte war derweil aktiv in eine Filmproduktionsfirma eingestiegen, weil mit Videoclips für das Musikfernsehen sehr viel mehr Geld zu verdienen war über Nacht als im Backstagebusiness. Die Devise war *Cash From Chaos* – römisch zwei. In Klammern die Rückkehr. Dieses Mal waren die Agenten für Artist and Repertoire auf der Suche nach Bands aus der Hamburger Nische. Weil davon zu wenig auf Lager war, musste jetzt alles ins Fenster. Schon bald würden in ganz Deutschland alle »Digger« zueinander sagen. Building the nation with a groove. Die Beastie Boys hatten sich ja auch vom Punk her kommend zum Hip-Hop entwickelt. Das war die Tür zu einem Bus mit getönten Scheiben, die der Schotte mir offenhielt »Get in, if you want to live«.

Meiner wissenschaftlichen Ausbildung würde das Auslandssemester sich nicht anders als zuträglich erweisen können. Serafin erlernte das Handwerk journalistischen Textens im Gebäude einer ehemaligen Wollfabrik in Ottensen. Lukullus würde nach Dubai gehen für sein Referendariat. Ich verließ St. Pauli in Richtung Innenstadt.

Die Ringe des Saturn bestehen aus den zahllosen Trümmern von Entwurfsfassungen sämtlichen Lebens, die voneinander geschieden um ihr kugelförmiges Zentrum zu kreisen gezwungen sind. Ob die Trümmerteile sich dabei um sich selbst drehen, welche Musik sie durch die Frequenz ihrer Umdrehungen um sich selbst bei ihrem Flug um den Planeten erzeugen könnten, theoretisch, weiß man noch nicht genau.

Das Füllschriftverfahren für Schallplatten nach Eduard Rhein sieht dagegen eine einzige in das Trägermaterial gravierte Zeile vor, in deren spiralförmiger Bahn die Spitze des Tonabnehmers bis zum Ende von A-, oder B-Seite verharrt. Ständig wie zitternd. Die oszillierende Bewegung, die sie registriert, kann umgewandelt werden in Klang.

So anders als gedacht war die Welt hinter St. Michaelis, den manche Hamburger »Michel« nannten, auch wieder nicht. Die Banken wurden sich ja ebenfalls immer ähnlicher. Die Produktionsgesellschaft mit beschränkter Haftung hatte nach der Strategie des Einsiedlerkrebses ihren Unterschlupf gefunden in einem altehrwürdigen Kontorhaus mit dunkel verklinkerter Fassade, wie es sie in den Seitensträßchen am Rödingsmarkt noch einigermaßen zahlreich gab. Die Gegend war deshalb bei Touristen beliebt, und dann auch noch, weil die wie direkt aus dem Himmel von den Landungsbrücken herankommende Hochbahn, die auf ihren Gleisen über gusseiserne Stelzen fuhr, sich ratternd und quietschend wie ein ganzes Konzert der Einstürzenden Neubauten in die Kurve legte, um als ein in Rot und Alu gestreifter Schweif zwischen den Häusern der Stadt einzufahren. Und darüber kreisten schon die Möwen. Schon deshalb, weil es nicht mehr weit war von hier aus bis zu den Wassern der Elbe. Und wie sang doch der Wirt unten vom Fischmarkt so schön, auch als *singender Wirt vom Fischmarkt unten* bekannt: »Was werft ihr den Müll in die Elbe, das ist doch immer dasselbe«. Angehen mochte das wohl. Sein musste es trotzdem nicht.

Etliche Schilder an den buckligen Häusern erinnerten an den Großen Brand, der in einer Nacht auf Himmelfahrt – tja, ausgerechnet – um ein Haar der schönen Altstadt das Leben gekostet hätte. Das Rathaus stand damals noch woanders, und um die Feuersbrunst zu stoppen, hatte man es in die Luft zu sprengen versucht, um eine Schneise zu schlagen. Aber es widerstand, und das Feuer breitete sich davon unverdrossen immer weiter aus. Die Touristen fotografierten diese Schilder ab, den Text, teils filmten sie ihn sogar wie aus der Not heraus, weil es ja von dem schröcklichen Ereignis, dem Großen Brand von 1847 keine Postkarten gab. Jedenfalls keine mit Fotos vom Brand. Stahlstiche schon, Zeichnungen, auch Malereien, aber die waren nachträglich angefertigt worden und zählten nicht mehr als Dokumente. Wirkten auch, wenn man ehrlich war, auf einen Menschen des Fotografizäns nicht mehr authentisch, sondern, wie es in den

Frauenzeitschriften aus Hamburg hieß: »ein bisschen auch« wie ausgedacht.

Gern fotografiert wurden gleich um die Ecke die Schaufenster des Tropenausstatters Ernst Brendler, wo es nach wie vor diese kuriosen Helme gab, innen mit einem Reif aus Kork ausgeschlagen, damit er schön luftig wie eine Kuppel, wie das Dach der Mensa, die Mütze des Rappers – die Afrikaner würden finden, wie eine Brust – über dem Schädeldach saß und die Luft durch die seitlich angebrachten Ventilationssiebe zirkulieren konnte. Oder dies hier, auch nicht zu verachten: Schnürstiefel aus gelblichem Leder, dabei ganz leicht und die Schäfte trotzdem extra hochgezogen; »Für Namibia. Das sind Wüstenstiefel. Schützen gegen Schlangenbisse.« Aber schutzlos ausgeliefert blieb der Namibiafahrer weiterhin dem Nebel. Tja, das waren alles Souvenirs, die Zeugnis ablegten von Hamburgs großer Vergangenheit. Als Freie und Hansestadt. Als Männer wie Heinrich Barth hier durch das Tor zur Welt hinausgefahren sind, um Afrika zu finden. All dies nahm ich auf meinen Wegen zur Arbeit mit im Vorübergehen. Dann ging es bald eine Treppe hoch, und schon gleich hinter der hohen Tür, noch im Eingangsbereich des Hauses, kreisten auf elliptischer Bahn die hölzernen Kästen eines Paternosters, vom Prinzip her ein Aufzug, wie es ihn auch im Rathaus von Stuttgart gegeben hatte, gab und gibt.

»Das Haus war 1659 erbaut worden und erhielt damals das barocke Portal, das, vom Brand beschädigt, bei der Wiederherstellung 1842 zugemauert wurde. 1974 ist es wieder freigelegt worden. An der Fleetseite ist die alte Fachwerkfront erhalten. Innen gibt es noch bemalte Balkendecken des 17. Jhs.«

Auf das Stockwerk der Firma dergestalt emporgehoben, änderte sich der Charakter des Interieurs auf subtile Weise, beinahe schon subkutan, derart geschmackssicher war hier zum Zwecke seiner Modernisierung zu Werke gegangen worden. Teilweise also wie aus der Elektroabteilung von Manufactum, dann aber auch wieder Vidal Sassoon beziehungsweise Jil Sander-Boutique – kalt, modern, teuer. Man hatte mich auch hier Backstage untergebracht. Mein Haar trug ich nach Art der Flamingos gefärbt, sah aus wie Zuckerwatte, und mein Anzug war unterdessen nicht jünger geworden. Nichts davon aber schien meines Vorarbeiters Missfallen erregen zu können. Ich glaubte bald, mein Anblick amüsierte ihn – in Wort und Bild gleichermaßen, wie es mir schien. Auf ihn selbst wiederum traf bis aufs Wort und haargenau zu, was Max Berbohm nach seiner ersten Begegnung mit Oscar Wilde in Paris festgehalten hatte, während in Hamburg der Wiederaufbau der Altstadt im Gange gewesen war: »Der Kragen, den er trug, legte sich an den Spitzen in enorme Revers um, der Strauß Parmaveilchen in seinem

Knopfloch, wie auch die sonderbar gefassten grünen Steine auf seiner Brust und die vielen kleinen Goldkettchen, die von einer Tasche zur anderen hinweg seine füllige Figur andeuteten, kündeten unisono von einem Dandy der ausgesuchtesten und ausschweifendsten Art.« Wobei mein Gegenüber nicht füllig war, sondern das Gegenteil; von einer Grazilität, für die mir die Worte schlicht fehlten – ich kannte nicht einmal eines, das auch nur ungefähr zutreffend klang. Wie ein Reh – nein, auch nicht. Zu diesem Vergleich wollten mich bloß seine Augen verleiten, die derart groß waren, aber nicht zu groß, langwimprig wie die von Bambi, aber mit rotbraunen Pupillen – veritable Rehaugen halt. Alles an Turdus war von diesem Braun. Sogar seine weichen Pullover, die er, im Schwäbischen spräche man vom »Speck auf d'Würscht«, auf seiner bloßen Haut trug. Die Haut nicht braun wie Milchkaffee, sondern wie der sogenannte schwarze. Vom Rotstich her ein *Cold Drip*. Er, Turdus, war der zweite Mann von umwerfender Eleganz, dem ich im Verlauf meines Lebens begegnet war. Beide waren sie Dunkelhäutige. Der erste überdies, Anthony, Türsteher vor dem Perkins Park in Stuttgart, inzwischen gestorben. Vor seiner Zeit, an Aids.

Selten, nein: eigentlich nie wieder habe ich in derart heiterer Atmosphäre arbeiten dürfen. Die Arbeit ging uns leicht von der Hand, wie es hieß. Sie bestand lediglich darin, massenhaft Videokassetten zu sichten, die von den sehr jungen, von den jungen und von denen mit noch weiteren Qualitäten als bloß Unverbrauchtheit ausgestatteten Zuschauern des Musikfernsehsenders Viva an die Redaktion von Viva geschickt worden waren, weil Viva neue Moderatoren brauchte. Auch das Musikfernsehen florierte. Sogar das aus Deutschland. Die Werbeblöcke vermehrten sich und wurden dabei immer länger. Um sie überhaupt noch eindämmen zu können, wurden ständig neue Inhalte gebraucht. Bis zum Einsendeschluss brachte uns eine Mannschaft schnurrbärtiger Hafenarbeiter täglich Nachschub in den Maschinenraum der Pop-Fabrik. Containerweise VHS. Daraus bauten wir uns bald eine Mauer der Abgelehnten, die aschenputtelschwarz glänzte und sachte vor sich hin vibrierte wie bei Gerhard Seyfried der Pudding in Tüten auf dem WG-Küchenfußboden vor dem großen Attentat. Das Sichten und Sortieren hatte etwas von Tuning und Soundcheck. Zur traditionellen Uhrzeit spazierte man im Mittagslicht die Admiralitätsstraße hinunter und bestellte sich im Marinehof den indischen Kartoffelsalat. Manchmal war der Himmel sogar blau, und immer gab es große weiße Vögel. So hatte ich mir als *Tempo* lesender Teenager mein Leben in der weißen Stadt am Meer ausgemalt und so traumhaft war es mit einem Mal sogar geworden. Manchmal, aber nur sehr selten, fand ich noch einen

Brief von Elektra in meinem Briefkasten. Als ich den Briefkasten selbstironisch mit lila Feministenfarbe besprüht und ernst gemeint demoliert vorfand, verzog ich unbekannterweise. Nur manchmal noch, immer seltener, kam ich nach St. Pauli. Einmal, das war aber tagsüber gewesen, weil ich für einen Fernsehwerbespot einen Kapitän finden sollte. Der sollte so kapitänshaft wie nur möglich ausschauen. Dem Kunden schwebte freilich Käpt'n Iglu vor. Im Matrosenheim wollte man mich zunächst gar nicht erst hereinlassen. Im sogenannten Aufenthaltsraum des tristen Gebäudes, das fernab des Wassers gelegen war, wusste ich dann auch warum. Das waren traurige Tropfe in marineblauen Troyern, die dort vor dem Fernseher saßen. Aber niemand flog über ihr Krähennest. Was denen durch den Kopf gehen mochte, wenn der Spot für die Fischstäbchen kam, wollte ich auf gar keinen Fall erfahren müssen. Meinen Kapitänsdarsteller fand ich dann in einem Gymnasium bei Blankenese. Religionslehrer, lutherisch.

Danach musste ich erst mal mit Serafin im Taxi raus aus Hamburg und bis nach Wedel fahren, wo am Willkomm-Höft die Schiffe begrüßt und verabschiedet werden mit den ihrer Flagge entsprechenden Nationalhymnen. Die freilich kamen vom Band. Und danach, um die ganze Seefahrtsromantik wieder loszuwerden – man wurde ganz rammdösig von – einen trinken gehen. Aber bloß kein Astra! Und auch bitte kein Holsten, obwohl das am dollsten und so weiter und sofort: Seitdem der Schotte »Nordisch bei Nature« verfilmt hatte, war der sogenannte Kiez nicht mehr wiederzuerkennen. Total verbummfeit. Alles voller Zielgruppen, Pop-Touristen, die »Reeperbahn« von Udo Lindenberg kultig fanden, die eine Hälfte trug Trainingsjacke, die andere lief in schwarzen Anzügen herum und machte auf Travolta. Die Produzenten waren wie weggeblasen worden von diesem Hauch von Anarchie. Transzendiert, in die mediale Sphäre. Also gingen wir dorthin, wo uns niemand kannte, »Mir auch einen Jazz Juice, bitte«. Wir zogen zum Klang von Posaunen in den Jazz-Himmel ein. Und *Cats* lief ja auch immer noch!

Das schaumig Süße war mir seit jeher lieber gewesen als das friesisch Herbe. Schon seitdem ich meiner Mutter beim Abfüllen von Marmelade auf dem Höhepunkt der alljährlichen Erdbeersaison assistiert hatte. In jedem Glas bildete sich dort auf der noch kochend heißen Flüssigkeit ein erdbeerfarbener Schaum, der sahnig wirkte und später dann auch so schmeckte, wenn die Marmelade fest, das Ganze in sich abgekühlt war. Die flache Geburtstagstorte, die meine Mutter mir Jahr für Jahr bis zu meinem Auszug schon in der Frühe meines Geburtstags auf den Tisch stellte, war mit einer sahnigen Creme aus dem von mir so geliebten Schaum gemacht. Erdbeerfarben und kühl.

So wie dieser herrliche Schaum meiner Kindheit mundete mir jetzt dieser Jazz Juice. Es war noch früh am Abend. Noch waren wir die einzigen Gäste der Mojo-Bar. Serafin war mittlerweile ja auch weggezogen in eine gutbürgerlichere Gegend. Dort hatte er neulich erst meinen ehemaligen Mitbewohner gesehen, wie dieser vom Heck eines Müllautos herab auf das Trottoir gesprungen war, um die grauen Plastiksäcke einzusammeln. In Signalfarben gekleidet. Er hatte ihn an seinem Spinnennetz wiedererkannt.

Und ich weiß noch genau, dass ich den Hörer gerade erst aufgelegt hatte, davor im Gespräch gewesen war mit einem Händler aus London, Soul Brother Records, der mir *What Color Is Love* angeboten hatte von Terry Callier, die ich schon derart lang suchte. Originalpressung, Zustand *Mint Plus*, für *twohundredfifty*. Pfund. *Quid*. Die hatte ich soeben über Telefon gekauft und freute mich schon, da klingelte es schon wieder. Luke war dran: Ob ich das schon gehört hätte? Elektra ist tot.

Ameisenrennen, aber als Sound.

The Cure

Im Tiefseehorrorfilm funktioniert der Schock vor allem deshalb so zuverlässig, weil die Wasseroberfläche einen opaken Stauraum verschließt, dessen Fassungsvermögen genauso endlos expandiert wie das der Fantasie. Von seinem opaken Reich aus schlägt der Schrecken des Todes zu. In ungeahnter Härte, von unbegreiflicher Dimension. Die Wucht ist blitzend schlank und schon vorbei, während das Verwinden subkutan mehr als eine Ewigkeit im Fühlen dauern wird. Ewig und drei Tage. Auf der Nachwirkung des Schocks treibt die Handlung des Films durch die Wellen.

So ist der Tod für den, der hinterbleibt.

Mein Schuldgefühl kam dieses Mal nicht schneller aus dem Knick. Es entfaltete sich gemächlich, bis es für mich schließlich in seinem Schatten zum Aushalten war. Ich hatte sie ja wenige Wochen zuvor noch gesehen, im Garten des Golden Pudel Club, bezeichnenderweise; dort war ich nach einem späten Abendessen mit einem aus dem Künstlermanagement bei Metronome noch für einen Absacker gelandet, sein Vorschlag, er hatte Socken an mit eingewebtem Bart

Simpsons und fuhr einen schwarzen Mercedes SL, Cabrio-Coupé: »Den hat mir Ace of Base bezahlt.«

Das und dass ich sie auch noch verspottet hatte, wegen ihrer Frisur. Sie trug ihr Haar jetzt wie viele, im Stil ihrer Ära. Schwarz gefärbt, mit kurzem Pony.

»Warum machst du nicht auf Travolta?«

Mein Frauenbild also. Eine Jugend unter drei Streifen. Und andere Plattitüden. Dass sie diesen schönen Eckzahn hatte, war mir entfallen. So jung kämen wir nie mehr zusammen.

Darauf ließ sich bloß noch weiter aufbauen. Das Wachsen des Grases lässt sich übertönen. Im Theater soll man Backstage niemals pfeifen, weil das an die Ära von Gaslicht erinnert. Wenn da ein Leck in den Leitungen war und das Pfeifen ein Signal, das jetzt gleich alles explodiert.

Man kann selbst mit gebrochenen Füßen noch dreimal um die ganze Welt laufen. Das wächst dann halt alles schief zusammen, und irgendwann sollte man das jemanden ansehen lassen. Jahrzehnte waren dereinst ins sogenannte Land gegangen. Blume 2000, das hatte ich dabei herausgefunden, dieser Name hatte sich nie auf die Zukunft bezogen, sondern auf die Postleitzahl von Hamburg. Bis 1990 hatte die Rote Flora 1000 Töpfe geheißen. Das Unternehmen hatte jetzt Insolvenz anmelden müssen. Die Leute kauften mittlerweile alles, sogar Töpfe, im Internet. Wie es hieß.

Ich rief ihre Mutter an. Auch um ihr zu erklären, warum ich nicht auf die Beerdigung gekommen war. Ich hatte dafür gar keine Erklärung. Damit bat ich um Entschuldigung. Das konnte sie natürlich nicht, das konnte niemand. Sie sagte »Ich glaube, das Problem für sie war die Philosophie.«

In ihrem Brief aus Jamaika, geschrieben auf rosafarbenem Papier, Einwickelpapier für einen Strauß war das gewesen, das erkannte ich jetzt erst, als es auseinandergefaltet war, mit diesen Zeilen beschrieb sie mir ihre Zeit auf dieser Insel als ein einziges Erlebnis, das vor allem Entzauberung gewesen war. Das fand sie gut, wie sie schrieb. Wobei sie es anders formuliert hatte: richtig. Demzufolge waren sie mit vorgehaltener Waffe überfallen worden, gleich nach dem Aussteigen aus einem Bus, und hatten damit die erste von zwei Spiegelreflexkameras eingebüßt. Die zweite verschwand während einer Übernachtung im Haus der Locals, die sie beherbergt hatten. Der Mann war offiziell Zimmermann, aber von dieser Arbeit war ihm nichts anzumerken gewesen. Sie hatte mit ihrer Gastgeberin ein Gespräch unter Frauen geführt, die hatte ihr einen Haufen Latten gezeigt, die hinter dem Haus wie herumgeworfen lagen »That's his work«. Ungewollt hatte sie sich dort nicht gefühlt, bloß hatte sie auf Jamaika niemanden getroffen, der von ihr etwas wollte, was sie zu geben bereit gewesen wäre. Auf einer Fahrt mit dem Glass Bottom Boat wurde der Kapitän direkt anzüglich, kaum dass der Strand mit ihrem Beschützer außer Rufweite kam. Sie hatte dort die meiste Zeit tagsüber alleine verbracht, weil er die Plattenläden abklappern musste. Obwohl auch er sich vor weiteren Überfällen auf Leib und Leben fürchten musste. Die Flüge waren sehr teuer gewesen, dieses Geld ungenutzt verstreichen zu lassen, hätte er nicht fertiggebracht. An den Abenden gingen sie einmal auf einen Dance, wo die Männer das Lösungsmittel von Insektiziden aus ihren Sprühdosen zischen ließen und anzündeten, wenn ins Mikrofon »Booyaka« gerufen wurde. In Ermangelung scharfer Schusswaffen Punkt-punktpunkt

Ich spürte, wie schwer es ihr gefallen war, aus dieser Form des Reiseberichts, geschult an Kathy Acker, aber für mich halt auch an Annemarie Schwarzenbach, den Bogen zurück zu finden. In etwas Persönliches, auch meine Person betreffend, und ihre auch, etwas zwischen uns also, das dort auf der Insel in ihrem Innern, dem sogenannten, größer geworden war. Was sie nicht beabsichtigt hatte. Dass sie ihre Absicht nicht durchsetzen konnte, blieb ihre Schuld. Gegen sich selbst blieb sie machtlos. Sie konnte kein gutes Haar an sich lassen. Aber für mich fand sie noch einen abschließenden Satz. Den hatte sie als Abschiedswort gedacht und daraufhin das Ganze an mich abgeschickt, vielleicht in der Hoffnung, damit hätte sich diese für mich leidige Geschichte endgültig erledigt. Dass ich den Brief zwar erhalten hatte, aber zu ihren Lebzeiten nie lesen würde, hatte sie nicht wissen können. Sie hatte mich nie auf ihren Brief aus Jamaika angesprochen. Und ich hatte durch die Lektüre des Textes in *Spex* angenommen, dass es ihr dort ebenso ausgezeichnet gefallen hätte wie ihm. Bloß gefühlt wird sie wohl haben, dass ich mich nicht in dem Maße mehr öffnen ließ ihr gegenüber, wie sie es insgeheim gehofft haben mag, wenn meine Lektüre ihres Textes eine richtiggehende war. Unzählige Male waren wir uns nach ihrer Rückkehr noch begegnet. Als Schiffe verkleidet. Immer war es dann dunkel gewesen. Manchmal auch Nacht.

Mit ihrem Satz hatte sie mir aus der Entfernung von ein paar Lichtjahren eine Ermunterung zukommen lassen, nicht immer nur weiterzulaufen. Furchtlos, so schlimm würde es nicht sein können, schaute ich mir meine Wunde an. Die war vor allem durch Negation entstanden. *In Fear of Fear*. Daran hatte ich mich aufgerieben. Selbstmedikation, immer das Falsche, hatte alles bloß schlimmer gemacht.

Jetzt war die Zeit für die Reha gekommen. Mein Dreadlock Holiday. Ich konnte die Sonne schon spüren, photische Reize auf meiner Haut. Die ganze Welt war ja mittlerweile zum Tor der Welt geworden. Im

Januar 2020 war Jamaika bloß noch 13 Stunden in südwestlicher Richtung entfernt.

Vor dem Abflug hatte ich noch versucht, mir den Film *Rockers* anzuschauen, den ein Grieche Ende der Siebzigerjahre auf der Insel gedreht hatte. Zu sehen waren aber nicht Laiendarsteller im strengen Sinn, sondern die Sänger und Produzenten dieser Epoche der Reggaemusik, die als Blütezeit dieser Stilrichtung eingeschätzt wird. Der Film, natürlich noch auf Film gedreht, in Filmfarben und mit Filmkontrasten und einer filmhaften Interpretation des natürlichen Lichts auf der Insel, beginnt unvermittelt mit einem Blick in eine Art Hütte am Strand, irgendwo außerhalb von Kingston, in Portland vielleicht. Die Kamera beobachtet aus einer festen Perspektive eine Gruppe von Musikern, die sich in den Schatten unter dem Dach der Hütte zurückgezogen hat. Das Dach besteht aus getrockneten Palmwedeln. Die Instrumente der Musiker sind sämtlich akustischer Bauweise. Ein Schlagzeug fehlt. Ebenso jede Art Bass. Die Kleidung der Musiker weist hier und da schmückende Elemente in den äthiopischen Nationalfarben Gelb, Rot und Grün auf. Es handelt sich also um die Wiedertäufer Ras Tafaris, Haile Selassies, des Kaisers Äthiopiens, der Negus war. Ryszard Kapuściński hatte ein Buch über ihn geschrieben. Und schon steckte man tief, sehr tief in einem unergründlich tiefen Geflecht aus Zeichen und Verweisen. Dann fangen die Musiker zu spielen an, die Gitarren finden in einen synkopischen Rhythmus, jenen schleppenden *Shuffle,* der überall auf der Welt als Erkennungszeichen für Reggae gilt. In dieser Eingangssequenz tragen einige der Musiker, aber nicht alle ihr Haar zu Dreadlocks verfilzt, die in den Neunzigerjahren vor allem im Kontext von Jugendhäusern, besetzten Häusern, in der Szene von Bauwagenplätzen und linken Zentren wie der Roten Flora oder dem Casino in Stuttgart auch bei deutschen Frauen und Männern in Mode kamen. Weniger des Looks wegen, und wohl auch nicht des Feels; vielmehr fungierten die Dreads überhaupt nicht als Frisur in der Tradition einer Coiffe, sondern gehörten zum sichtbaren Teil eines Bekenntnisses, vergleichbar etwa mit den Glatzen der Skins. Auch die Skinheads und Suedeheads hatten als Jugendbewegung in der Arbeiterklasse auf Jamaika ihren Ursprung. Ginge man weiterhin auf diese Weise vor, führte das vom Hundertsten ins sprichwörtlich Tausendste und theoretisch käme man von dort wohl so gut wie überall hin, bloß halt niemals nach Jamaika. Mit dieser Erkenntnis schaltete ich den völkerkundlichen Teil der Reise vorerst auf Pause und klickte den betreffenden Tabulator bald darauf weg.

Wir landeten nachts. Von Montego Bay war kurz nach Sonnenuntergang nichts weiter zu sehen als ein langgezogenes Glitzern. Der Fahrer war im Abholservice des ersten Hotels inbegriffen. Sein Name war Desmond. Er war in Montego Bay geboren und natürlich fragten wir ihn sofort, wie es mit der Kriminalitätsrate ausschaute, aktuell. Er wirkte heiter auf uns. Aber auch glaubwürdig. Als wir an einer roten Ampel anhielten, ging ein sehr alter Rasta mit einem Körbchen, gefüllt mit Mango durch die Autoreihen. Ernst Jünger hatte noch von der »Mangopflaume« geschrieben, als ihm in den Siebzigerjahren im brasilianischen Regenwald die unbekannten Früchte angeboten worden waren. Ich kann mich noch an meine erste Kiwi erinnern, irgendwann in den Achtzigern. Auf einem Wandplakat stand in weißen Buchstaben »Real Milk Comes From Cows« auf schwarzem Grund. Das Plakat war so breit, wie der Satz lang war.

Gleich hinter Montego Bay war eine Straßensperre aus Barrikaden aufgebaut, aber unser Wagen wurde von den Soldaten durchgewunken. Desmond behauptete, es handle sich um ein ärgerliches Relikt aus einer Phase in der Vergangenheit, als plötzlich einige der miteinander konkurrierenden Interessengruppen aus seiner Nachbarschaft sich einen Schlagabtausch geliefert hatten, aber natürlich von der Polizei sofort unter Kontrolle gebracht worden waren. Auf unsere Bitte hatte er einen USB-Stick in die Unterhaltungszentrale seines Armaturenbretts geschoben. Wir lauschten seiner Volksmusik. Die hatte sich nicht im Geringsten verändert. Aber gerade als ich meinte, als Fundament den mir vertrauten Riddim von »Sleng Teng« identifiziert zu haben, unterbrach die Stadiontröte des *Selectors* den Fluss der Erzählung und daraufhin setzte eine anders gutturale Stimme zur Fortsetzung an.

Ob die hier tatsächlich synthetische Milch tranken? Im Vorfeld zu dieser Expedition hatte ich auch einmal ein Jahr in Äthiopien gelebt, wo das Jahr bekanntlich noch 13 Monate hat. Von daher war ich gespannt auf solche minimalen Verschiebungen im Gefüge der Realität. Und als Desmond den Wagen aus der absoluten Dunkelheit einer Sandpiste durch die Wildnis kommend vor einem massiven Zaun zum Stehen gebracht hatte, kam mir selbst der sich dann bietende Anblick eines zur Seite fahrenden Tors aus strahlend weiß lackierten Vierkanteisen auf eine ambivalente Weise vertraut vor; beinahe heimelig. Auch als Déjà-vu. Auf dem Parkplatz lag Schotter und es gab auch hier ein äthiopisch lackiertes Häuschen für den Parkplatzwächter, gleich hinter dem Tor aufgestellt. Das Dach war aus einem verbeulten Stück Wellblech gemacht, das der Konstruktion auflag. Aber es war nicht das, was vor uns lag, die nächtliche Welt um uns herum, von der ich mich benommen fühlte. Es war der Anblick des Sternenhimmels über uns. Wie in Äthiopien schauten wir direkt ins All.

Noch vor Sonnenaufgang wurden wir geweckt von den Stimmen der Vögel, die, so hörte es sich zumindest an, von überall her aus der Finsternis direkt in unser Zimmer vorgedrungen waren. Wir lagen inmitten dieses Kokons aus Lauten und blieben selbst still. Wie eingeschüchtert, oder war es Andacht? Auch hier schon wieder: ambivalentes Gefühl.

Man frühstückte freilich al fresco. Ich hatte gleich nach dem Aufstehen mein Smartphone in die Schublade einer Kommode gelegt und die Lade geschlossen. Nichts wollte ich nachschauen. Die jamaikanische Welt rein aus der Anschauung verstehen. Kurz davor hatte ich noch den Baum vor dem Fenster abfotografiert und über eine Bildersuche herausgefunden, dass es sich um einen sogenannten Breiapfelbaum handelte, dessen kugelförmige, wie mit rostfleckigem Wildleder überzogenen Früchte überall auf dem Rasen herumlagen. Der selbst gar kein Rasen war im europäischen Sinn, weil die Fläche nicht aus den gewohnten Gräsern bestand, sondern aus den Pflanzen eines anders grünen Bodendeckers mit kurzen, lanzettförmigen Blättern, die etwas breiter waren als Grashalme und von ihrem Querschnitt her auch fleischiger. Den Namen dieser Pflanze kannte ich nicht, die Pflanze aber schon, aus Parks und Gärten in Thailand. Vermutlich war sie extrem hitzeresistent und musste bloß einmal im Jahr gesprengt werden. In der Regenzeit.

Der jamaikanische Kaffee schmeckte tatsächlich ausgezeichnet. In die Blauen Berge würden wir bald auch noch fahren. Ein großer Vogel, der die ganze Zeit schon über uns schwebte, wie in der Luft stehend bei laufendem Motor, wollte es uns wohl weissagen. Auf seine, die unaufdringlichste Art.

Und war der gelbe Schmetterling ein größer geratener Verwandter unserer Zitronenfalter? Und der weiße dort ein Kohlweißling in Original-Kohlweißlinggröße? Eine Art Kohl gab es zumindest. Callaloo hieß eine Pflanze mit spinatgrünen Blättern, die, gedünstet aufgetragen, durchwachsen schmeckte, einmal wie Spargel, dann wie Brokkoli oder wie Wirsing. Nicht gleichzeitig, aber je nachdem; je nachdem, woran man sich durch seinen mitgebrachten, importierten Geschmackssinn erinnert fühlte während des Abgleichens dieser neuen Information. Bienen summten in den Wunderblumen, den Bougainvilleen.

Um die Mittagsstunde, die Vögel hielten den Schnabel, fuhr Desmond uns an den Strand von Negril. Das Dorf selbst hat mich beinahe mehr interessiert. Ein ehemaliges Fischerdorf, damit kannte ich mich aus. Vom Strukturwandel ergriffen wie von einem Drehwurm und auf links gedreht wieder zu sich gekommen. Wie fallengelassen. Eine Menge Fußgänger hatten es offenbar eilig. Aber nicht in eine Richtung, auf ein bestimmtes Ziel hinstrebend – das erregte Misstrauen –, sondern überallhin. Keine Tiere im Straßenverkehr. Beim Frühstück hatte uns eine Katze zu Füßen gelegen. Mager, mit Blesse. Nicht satt zu kriegen, sogar amerikanische Grape Jelly und den ganzen Callaloo. In Äthiopien überall Karawanen aus Eseln mit Säcken beladen, Ziegen in jedem Aggregatzustand. Hühner niemals freilaufend. Die Esel, wenn sie erst einmal losgelaufen waren, beinahe so lebensgefährlich für Fußgänger wie die Autos, vor allem die Lastwagen aus Harar, dem Bordeaux des Khat. Die Leute von Abdera by the sea hatten ihr Blech im Griff: Pull up to the bumper, Baby.

Von der Brücke aus war das Meer schon zu sehen: das Helle hinter den Palmen. Die Abkürzung führte durch ein Dorf, einen richtigen Flecken. Hütten, die sich einmal als Ring um ein paar Tische, den Fischmarkt angesiedelt hatten und von dort aus bis zur anderen Seite hin. Immer weitflächiger geworden, regelrecht wie ausgelaufen. Das Holz der Hütten in panafrikanischen Blockstreifen bemalt. Um Reggae-Fans anzulocken. Alptraumhaftestes Kunsthandwerk. Mit dem Munde gemalt und aus Wurzeln geschnitzt. Immer Bob Marley, immer das grüne Blatt, die siebenfingrige Witwe, alles «Irie», alles One Love. Alles sehr sauber auch und derart aufgeräumt, dass selbst der Staub auf den Wegen wie absichtlich dort verteilt schien. Auf ambivalente Weise erinnerten mich Set und Setting an das Dorf original äthiopischer Juden, in das man mich gefahren hatte, nachdem ich wiederholt meine berechtigten Zweifel geäußert hatte, dass es sie überhaupt noch gab im Land. Einst würde ich über all das Genaueres schreiben müssen, fürchtete ich.

Touristisch gesehen war der sogenannte Seven Mile Beach eine Entdeckung aus der Neuzeit Jamaikas. Der Zeitraum ließ sich relativ scharf eingrenzen, denn in Ian Flemings 1965 erschienenem *Introduces Jamaica* war er noch nicht für erwähnenswert befunden worden, ein Strand unter vielen halt, in den Reiseführern aus der Zeit um die Jahrtausendwende galt er schon als hoffnungslos überfüllt. Nun lag er also vor uns ausgebreitet, dieser Strand, wir waren zu ihm gekommen, und es war alles noch nicht einmal halb so wild. Eine Nachhut aus vielleicht zweihundert Ameisen bewirtschaftete die maßlos über die Kilometer verstreute Zuckerschicht. Das Meer leckte auch schon daran herum, es war, so schien es, von innen heraus beleuchtet. In nervenberuhigendem Türkis.

Wir waren kaum aus dem Palmschatten herausgetreten auf den Sand, der natürlich wie Puder war und sich warm in die Zwischenräume der Zehen schmiegte, sodass man es beinahe schon rieseln hören konnte, als sich erste Gestalten näherten. Allerdings in festem Schritt. Aber ein Zitat von Goethe kam hier sehr gut an. *A very warm welcome.*

»He was a poet you know.«

»I am a poet, too!«

Andere wiederum fanden meine Schuhe sehr schön. Vor allem im Zusammenspiel mit dem Hemd: »Like a school boy.« Der angebliche Doktor, komplett mit Arztkittel und einem Stethoskop um den Hals wie bei Thomas Dolby, der uns aus seinem Schraubglas ein paar getrocknete Dolden *ye olde sattiva* verschreiben wollte, nahm den abschlägigen Bescheid volley: »*Awright*. So she's is your ganja.« Man war hier tatsächlich unter Gleichgesinnten gelandet. Allesamt Ritter der schreibenden Zunft, Sternzeichen Tintenfisch, gelobtes Land.

Es war die Erfindung des All Inclusive Resorts, Urlaub für alle, durch die dem Dreadlock Holiday, wie ihn Ten CC noch besungen hatten, der Hahn derart abgedreht worden war. In den Neunzigerjahren vor allem für die bis dahin obskure Inselgruppe der Dominikanischen Republik populär gemacht, war das Phänomen des garantiert bis zur Sorglosigkeit organisierten Massentourismus auch auf Jamaika vielfach kopiert worden. Die Flieger landeten in Montego Bay oder in Kingston, wurden busladungsweise in ihre *Gated Communities* geschafft und verblieben dort an den pauschal voll versorgten Privatstränden und Pools bis zu dem gebuchten Tag, an dem sie erneut ihre Busse bestiegen in Richtung Flughafen. Die Kleinunternehmer und Gastronomen des Seven Mile Beach, der sich faktisch knappe sechs Kilometer in die Länge zog, bekamen seit dieser Flächenintensivierung der touristischen Ressourcen ihrer Landmasse nur noch einen Bruchteil der nach Jamaika einreisenden Ausländer zu Gesicht. Oder in die Finger. Auch die Masseure und Aloe-Eincremer, einst umtriebig unterwegs an der Grenze zu einem lukrativen Nebenerwerb als Gigolo, waren zunehmend dazu verdammt, ihren Müßiggang lässig aussehen zu lassen. Die handgeschnitzten Maulaffen wollte keiner mehr.

An einem finnischen Strand, am Kap Europas, wahrscheinlich schon an einem in England, vor allem aber halt an der Nord- oder Ostsee oberhalb Hamburgs, am Timmendorfer Strand beispielsweise oder vor Stralsund, hätte ein derart eindeutig abzulesender Trend zur Verelendung einer Bevölkerungsgruppe aus der oberen Unterschicht unweigerlich zu einer depressiven Atmosphäre geführt. Schon allein des Lichts und der Temperaturen wegen. Hier aber schien die Sonne! Und zwar nicht knallend, sodass einem das schon wieder zu viel geworden wäre, sondern in einer genau richtig bemessenen Bestrahlung mit Ultraviolett-Wellen, um im Zweifelsfall auch hungernd noch guter Laune zu bleiben. Eigentlich war dies ja, hatte ich beim Nachfühlen festgestellt, sogar die allerbeste Laune von allen.

Die sich freilich noch weiter heben ließ, wenn man sich in einem der spärlich bevölkerten Biergärten ein gegrilles Hähnchen bringen ließ, ein *Jerk chicken*, das zu den Spezialitäten der Inselküche zählt. Sehr viel andere gab es auch nicht. Dies immerhin hatte sich nicht verändert seit den maßlos glorifizierten Sechzigerjahren, als Ian Fleming geschrieben hatte: »Food is delicious and limitless, but the cooking uninspired and ›English‹ unless you fight against it.« Das war in Hamburg nie anders gewesen, und trotzdem hatten sie es mit Franzbrötchen und Astra zur Schatzstadt gebracht.

Unser ursprünglicher Eindruck von einer gewissen Monotonie, durch die der jamaikanische Speiseplan geprägt sein könnte, erwies sich gottlob als eine Art dystopischer Fata Morgana, die sich aber schon verflüchtigte, kaum dass wir den Fuß in einen Supermarkt gesetzt hatten. Den überwiegenden Teil der Produkte kannten wir so, in dieser Form ihrer Darreichung zumindest, noch gar nicht. Mich erinnerten sie vom gestalterischen Repertoire ihrer Verpackungen und Etikette her an die US-amerikanische Ecke auf der Schlemmeretage im Alsterhaus. Zudem war die aromatische Grundnote beinahe sämtlicher Getränke, Backwaren und Fertiggerichte, die dort wie durch organisches Wachstum aus ihrem Platz in den Regalen hinunter und hinein in die Körbe der Einkaufswagen zu quellen schienen, Süße. Der Zuckerrohranbau auf den Plantagen der Insel diente halt nicht ausschließlich zur Erzeugung des zu Recht berühmten Rums, dem aus der Brennerei Appleton vor allem, mit dem ich als heuriges Häsle in Hamburg, einem der vielen End- und Knotenpunkte der Rumstraße aus der karibischen Sphäre, am Tresen des Diskursstübles erstmals bekannt gemacht war, nein, die Allgegenwart des nachwachsenden Rohstoffs aus den süßen Halmen und seine ständige Verfügbarkeit hatten die Geschmacksvorlieben der Insulaner über Generationen hinweg dauerhaft auf Süß gepolt. So gab es beispielsweise Dutzende Ausführungen unerreicht schaumiger Kuchen, die mit zusätzlichen Würzungen brisenhaft Nuancen beispielsweise von Kokosnuss schmecken ließen. Auch Ananas und Mango waren mit dabei. Die Auswahl an erntefrischen Früchten war nicht übertrieben breit, dafür konzentriert auf bewährte Publikumslieblinge mit Sättigungswert wie Bananen. Eine Saisonfrucht war die Malvenblüte, mit der vom Bier bis zum Nuckelsaft für die Vorschulkinder alles purpurfarben und dabei wie nach Blumen duftend eingetönt war. Und wenn man einmal gerade keine Lust auf Süßes verspürte, was selten genug an der Tagesordnung war, bestellte man einfach Jerk Chicken. Bloß nie die Conch Soup! So einfach war das.

Im Vorfeld unserer Expedition zu den letzten Schlaraffen hatte ich in der Schweiz Lee Scratch Perry besucht. Der damals knapp Vor-neunzig-Jährige lebte schon seit Jahren in Einsiedeln, einem Wallfahrtsort, der seine Popularität bei den Christen seiner schwarzen Madonna verdankt. Ich habe sie mir angesehen, es handelt sich um eine kleine Figur eines Mädchens, die durch die jahrhundertelang schon um sie herum aufgestellten Kerzen der um Fürbitte ersuchenden Pilger aus aller Welt, besser gesagt von den Rußpartikeln aus dem Kondensat dieses Meeres von Kerzenflammen schornsteinfegerdunkel gefärbt worden war. Perry, der mit den Produktionen während seiner Zeit in der Heimat so gut wie alles erfunden hatte, was es heute an Effekten und Studiotricks in der elektronischen Musik zu hören gibt, hatte sich in der Schweiz in einen Rassisten verwandelt. Zumindest wollte das mir so vorkommen. Denn er warf mich nach wenigen Minuten der intensiven Beschimpfung aus seinem Studio hinaus auf den Höhenweg mit Blick auf die Wallfahrtskirche und eine weit weniger schöne Sprungschanze für Sommerski. Im Panorama die Alpen. Antisemitisch wurde er auch noch. Und dies alles, das war der Anlass für unser Schisma gewesen, weil ich die Unsterblichkeit Bob Marleys nicht hatte anerkennen können. Aber wie ich immer wieder in meinem Leben hatte herausfinden müssen, ging es weitaus seltener als gedacht um Schicksal und sehr viel häufiger um Zufall. Im Verlauf unserer Streiterei hatte ich ihn gefragt, zu welcher Musik wohl der Teufel seiner Meinung nach tanzte. Lee Scratch Perry hatte bloß ein Wort, Raggamuffin, gesagt.

Nach dem darauffolgenden Frühstück – Ackeefrüchte und gepökelte Makrele in Kokosmilch – brachte uns Desmond zum Bahnhof, wo wir den Überlandbus nach Portland bestiegen. Er fuhr pünktlich ab.

In den jamaikanischen Volksweisen der sechziger Jahre ist noch viel von Zugfahrten die Rede. In Anbetracht der verblüffenden Realität wirken diese herrlichen Schlager gleich noch einmal so charmant. Es gibt keine Eisenbahnlinie auf der Insel. Beziehungsweise nicht mehr. Das macht die alten Lieder für die älteren Inselbewohner noch herzerfrischender. Die Jüngeren hingegen werden, je mehr Zeit seit dem letzten Zug nach Skaville vergangen ist, desto deutlicher von dieser Musik nicht mehr erreicht. Und diese Abgehängten wenden sich dann den neueren Spielarten des Reggae zu, in deren Texten es sich vor allem um die Verherrlichung eines devianten Lebensstils dreht. Wie überall auf der Welt. Aber nicht überall auf der Welt werden solcherart Texte als Berufsberatung verstanden; und nicht bloß als Rollenprosa und Kabarett.

Das Unterhaltungsprogramm an Bord des Überlandbusses – Portland indes keine Stadt dieses Namens, es war das Schwemmland im Osten, eine Region – bestand vermutlich auch aus diesem Grund nicht aus Musik, sondern aus Spielfilmen. Alte und junge Menschen saßen beieinander in den Reihen wie in einem Zuschauerraum, vor dessen Fenster das Meer und die Hügel des Landesinneren vorüberflogen. Auf einer gemeinsamen Tanzfläche hätte der Selector vielleicht einen Streit angefacht. Schüsse durch die Decke, daran musste ich denken. An den Flammenwerfer des kleinen Mannes. Insektenspray. So aber schauten wir alle zusammen eine romantische Komödie amerikanischer Produktion, in der ein Baby aus reichem Hause von drei Strohköpfen entführt wurde, und niemand sprach ein einziges Wort. In Mexiko hatte mir einst ein Schwergewicht ins Ohr gestöhnt: »We used to live close to god. Now live too close to the USA.«

Beim Umsteigehalt in einer bizarren Hafenanlage sahen wir eine Kreuzfahrtvorstadt, zehn, vielleicht sogar 20 Stockwerke hoch, die allen Menschen komplett die Aussicht aufs Meer verstopfte wie eine Art konzeptionell danebengegangenes Buddelschiff. Dort in der Hafenanlage gab es eine Filiale von Starbucks. Und in der Boutique daneben wurden Devotionalien verkauft.

Bob Marley wurde, hierbei tatsächlich mit James Bond vergleichbar, in lediglich zwei Posen dargestellt. Entweder mit in den Nacken gelegtem Kopf und ekstatisch weit aufgerissenem Mund, wobei die wie in sämtliche Richtungen explodierenden Rastazöpfe an seinem Hinterkopf seinen ekstatischen Zustand noch betonen sollten, oder aber in Kontemplation begriffen, wobei ihm ein stets übertrieben dick und lang dargestellter Joint schräg aus dem Mundwinkel ragte, wie längst erkaltet. Diese beiden Motive dann jeweils auf Tassen und Vasen, auf lederne Untersetzer und Gürtel, auf Strandlaken und T-Shirts gedruckt. Plus das Kleinvieh inklusive der Motivmagnete für die Kühlschranktür, Sandbilder in Ampullen und Buttons, Überzüge für Zahnseideabroller und Kleenex-Boxen, Kapselheber, Korkenzieher, Flaschenöffner und allerlei Seifen. Ach, und Feuerzeuge natürlich. Jede Menge Feuerzeuge. Feuerzeuge und Grinder.

Wiederum war es dunkel geworden. Auf Höhe des Äquators geht die Sonne nach zwölf Stunden unter. Und zwar nicht allmählich, sondern stets so, als ob jemand den Lichtschalter gedrückt hätte. Nur wenige Augenblicke dauerte das Spektakel des Sonnenuntergangs. Kurz darauf war es dann auch schon Nacht.

Wir lagen in einem Baumhaus, umgeben von dichtestem Urwald, auch nach oben hin, in den Kronen der Bäume und Palmen verfilzt und zusammengewachsen bis zum *get no*. In jener Nacht bekamen wir die Sterne nicht mehr zu sehen.

Die Weite des uns umgebenden Walds konnten wir, obwohl es stockdunkel war, mit dem Ohr ermessen, denn ein unfasslicher Lärm aus zirpenden und schabenden Geräuschen, aus den Gesängen und Litaneien der Schaben und Grillen schoss aus sämtlichen Richtungen der Nachtkrabbenschwärze von nah und weniger nah und, anscheinend oder tatsächlich mit einem Echo versehen, aus dem schallerfüllten Dahinter heran. Mishima berichtet in einer seiner ländlichen Erzählungen von der japanischen Vorstellung vom Jenseits als »reiner Welt«, rein hier im Sinne von gereinigt, in der sämtliche Vogelstimmen allzeit dem Buddha ein Loblied darbringen, und er merkt an, dass er sich den dabei entstehenden Lärm mit Verlaub als unerträglich vorstellen muss.

Dann fing es zu regnen an. Und es regnete die Nacht hindurch. Nur phasenweise wurde das scharfe Zirpen von draußen durch ein Crescendo der Regentropfen auf dem Blechdach überdröhnt, sodass wir befürchten mussten, es könnte sich um einen selbst für die hiesigen Verhältnisse außerordentlichen Regen handeln, der dort auf uns hernieder trommelte, um unser Häusle aus seiner Verankerung an dem Baum zu reißen. Daraufhin schwoll das Regnen wieder ab, ließ nach und wurde Rauschen; um sich zu sammeln, wie es schien. Und so vergingen die Nachtstunden.

Nach Sonnenaufgang erkundeten wir den Wald, der natürlich noch sehr viel ausgedehnter war, bei Tageslicht besehen, als wir ihn uns von der Geräuschentwicklung seiner nächtlichen Belegschaft her hatten vorstellen können. Hohe Bäume, vielleicht zwölf Meter hoch, mit sehr dicken, rissigen und krumm gewachsenen Stämmen und sehr dünne, stangenhafte Palmen und Bambusgräser bildeten einen vertikalen Fries. Bis auf Augenhöhe wuchsen grüne Blattpflanzen dicht an dicht. Auf den vom Regen abgewaschenen und nun glänzenden Blättern spiegelte sich das Licht, indes der Himmel wegen der ineinander verwucherten Baumkronen größtenteils ausgeblendet blieb. Einige der Pflanzen waren uns aus dem Alltag als Topfpflanzen vertraut: Monstera, Gummibaum und Ikeapalme; aber auch Hirschzungenfarn, Strelizie und Ingwerblüte wirkten jetzt und deshalb wie platziert. Die Schnecken in diesem gartenhaften Wald hatten Gehäuse, die rund waren wie gewohnt, aber flach wie eine Baskenmütze. Sie trugen sie keck, zu einer Seite hin aufragend. Gesprenkelt wie Achat.

Unser Frühstückskellner sah genauso aus wie Grace Jones.

Den winzigen Doctor Bird, einen Kolibri mit gegabelten Schwanzfedern, den Wappenvogel der Insel, hatten wir bislang noch nicht zu Gesicht bekommen. Eine Begegnung mit dem kaum bienengroßen Vögelchen hatte mir ein Fahrer namens Omar versprochen, der uns hinauf in die Hänge des Blauen Berges zu den Kaffeebauern fahren sollte. Während er das Steuer hielt, trug er seinen Vorrat an Scheinen nach Landessitte als Fingerschmuck: Er falzte die Dollarscheine längsseitig zu einem schmalen Fächer, um seinen Ringfinger gebogen und eingeklemmt zwischen Mittelfinger und dem kleinen, wodurch sich die Scheinblüte zur Oberseite der Hand hin auffächerte und die diversen Farbkombinationen des jamaikanischen Geldes, das aufgrund der heftigen Inflation so gut wie nichts mehr wert war, zur Geltung brachte. Schmückenderweise.

Er war eine Größe in der Szene, die sich an der Tankstelle von Port Antonio traf. Dort hatten wir ihn auch kennengelernt. Nach einem frühen Mittagessen im Jerk Center. Wir bewegten uns langsam im Schatten, den Temperaturen angemessen, und waren eigentlich auf der Suche gewesen nach einem Fahrer namens Ricardo, einer Zufallsbekanntschaft, die uns auf der Landstraße aufgegabelt hatte, die von unserem Baumhaus an der Blauen Lagune in das Hafendorf führte. Wir hatten uns aus den Augen verloren. Omar, der seine Bargeldbestände um den Finger gewickelt trug, wie gesagt, lud uns ein, bei ihm zuzusteigen. Wie sich herausstellte, kannten Ricardo und er sich sehr gut. Sehr gut, das allerdings offenbarte er uns erst am nächsten Morgen, als wir schon auf dem Weg in die Berge waren, kannte Omar vor allem Ricardos Frau. Beziehungsweise hatte er es direkt von ihr, dass Ricardo zu viel seiner Zeit in den Rum-Bars verbrachte – mit Rumhängen vermutlich. Omar vertilgte einen Kuchen, der war so lang wie sein Unterarm, während er uns diese Geschichte erzählte. »It's called ›chocolate strip‹«, sagte er. »I'm kind of addicted to it«.

Bald schon war die maritime Ästhetik des Flachlands ausgetauscht gegen eine Perspektive von Steilschluchten, die bis in den Himmel hinaufragten und wie von oben herab mit Grün überschüttet wurden, bis es sich staute drunten im Tal. Weit und breit war keine Kuh zu sehen. Omar antwortete nicht auf meine Fragen zur Milchwirtschaft. Dafür fragte er uns eine Menge. Es schien ihm darum zu gehen, gewisse Gerüchte über das Leben in den Regionen des extremen Nordens, aus dem wir ja stammten, bestätigt zu bekommen. Beispielsweise, ob es dort tatsächlich Bären gab, ob die gegessen würden und wie kalt es bei uns in den Wintern tatsächlich war. Da nahm ich zwei Eiswürfel aus meinem Becher und spielte ihm den alten Witz vom pinkelnden Eskimo vor. Kannte er nicht. War genau sein Humor. Vor allem, weil ich zuvor tatsächlich kurz verschwunden war hinter der Alm eines Bauern vom Blauen Berg. Wir fragten ihn, was *Sleng Teng* bedeutete. Er holte seine Zwille aus dem Handschuhfach: Selbstgefertigt, aus einer dicken Astgabel; den Griff mit Gaffer Tape umwickelt. Extrastarkes Gummiband. Kein Spielzeug, ziemlich beeindruckend. Damit schoss er auf Vögel. »Doctor Bird? No!« Tauben hauptsächlich. Mit Bäumen kannte er sich nicht besonders gut aus. Wir standen vor einem am Wegesrand, den konnte man von weitem für eine Palme halten; war aber ein Farn. Übermannshoch. Und in dem gegenüberliegenden Haus war die Kaffeerösterei. In der Wand des Innenhofes führte eine Tür in eine Bar, in deres so ausschaute, als ob die letzte Party schon vor ein paar Jahren stattgefunden hatte. Über dem Türrahmen stand 007, frei Hand gemalt in Silberlack auf apfelgrüner Wandfarbe. In einer Ecke des Raums war die Gründungsgeschichte des Unternehmens in einer Art Wandzeitung vornehmlich in Bildern erzählt. Ergänzend hingen dort auch noch die laminierten Fotokopien von Haile Selassie und Marcus Garvey sowie das aus einer Vorzeit stammende Porträt eines Mädchens, das frappierenderweise an Greta Thunberg gemahnte. Irgendwann schien jemand daraufhin diese Wand mit der apfelgrünen Farbe gestrichen zu haben, vielleicht war das aber auch absichtlich, also gleichzeitig mit der Hängung geschehen, auf jeden Fall sah das Ganze jetzt für uns so aus, als ob es sich bei diesem Raum nicht länger um ein Produkt einer Kette von Zufälligkeiten handelte, sondern um etwas Außergewöhnliches, beinahe Außerweltliches – um eine Installation. Auf jeden Fall schien dabei im Endeffekt plötzlich nichts dem Zufall überlassen. Oder halt alles. Dieses Gefühl ließ sich nicht auflösen, blieb ambivalent.

Der schweigsame Rasta hatte ein Kilogramm Bohnen der berühmten Sorte in eine Tüte aus Glaspapier abgefüllt. Der Preis war schwer in Ordnung. Auf der gegenüberliegenden Wand im Innenhof, das hatten wir zuvor übersehen, war ein kleiner Sticker angebracht, auf dem stand rings um ein Motiv zweier Flaggen in Rot und Schwarz »Rasta Barista Antifascista«. In einer Scheune, den Anblick erhaschte ich im Vorübergehen, lag ein Stapel brutaler Lautsprecherboxen. Zerschrammtes Holz. Backstagefarben. Überall schon gewesen. Heute hier.

Allerdings nirgends der Vogel. Als ob ich es geahnt hätte. Omar behauptete, der sei halt sehr scheu. Dabei hatte er uns versprochen, dass wir ihn aus einer Pipette füttern dürften. Oder aus einer Phiole. Auf jeden Fall mit Sirup, natürlich, einer gesättigten Zuckerlösung. Weil sein Schnabel so fein und langgezogen war wie die Injektionsnadel einer Spritze, nannten die Jamaikaner ihren Kolibri »Doctor Bird«.

Wir sahen ihn unverhofft in einem Park mitten in Kingston. Das war eine dieser seltenen Überraschungen, wie sie früher angeblich noch andauernd möglich gewesen waren. Wir kamen gerade vom Postamt zurück, wo wir Briefmarken gekauft hatten. Briefmarken zu Ehren des 50. Geburtstags von Bob Marley – die Marken waren *Dead stock* aus dem Jahr 1995. Fünfundzwanzig Jahre war das jetzt schon wieder her. Darauf einen Jazz Juice – eigentlich. Und in dem Moment war da doch etwas, das schwebte über diesem unbekannten Baum, den es hier überall gab, einem Baum voller Blüten, fuchsiafarben, unter den sich die Leute gern setzten, weil dort der einzige Schatten war. In der Kurmuschel übten ein paar Männer in Trainingsanzügen ihre Tanzroutine ein. Die Musik musste man sich dazudenken. Sein gegabelter Schwanz war lang wie der des Quetzals, seidig wippend.

Der Doctor Bird war in Wirklichkeit etwas größer, als wir ihn uns vorgestellt hatten. Er sah aber farblich und auch von seinen Formen her genau wie auf den Fotos aus, die ich mir wieder und wieder angeschaut hatte. Er flog extrem schnell, die Flugbahn verlief in flachen Bögen, die von seinem langen Schwanz wie nachgezeichnet wurden. Die Blüten der Bäume zapfte er mit Pipettenschnabel an. Der Parkwächter behauptete, wenn wir morgen mit Eiscreme von I Scream wiederkämen, würde der Doctor Bird sich niederlassen auf unserem Eis – oder zumindest halt einer dieser daumengroßen Flugkäfer, die ebenfalls die Blüten dieses Baumes bewirtschafteten, der im jamaikanischen Volksmund *Poor Man's Orchid* heißt. Der Käfer hingegen hatte überhaupt keinen eigenen Namen. Der Parkwächter nannte ihn »Tic-Tic«, sein Kollege wiederum beharrte auf »Black Bug«. In einer *Oral Culture* schlägt der eine beim anderen nach.

Und wenn man sehr dunkle Haut hat, kann man alle Farben tragen. Selbst die schwierigen – Braun, Gold, Lila; auch weiße Ohrhörer, weinrote Brillengestelle ... grasgrüne Schuhe: An unserem letzten Abend in Kingston haben wir einen alten Rastafari gesehen in grasgrünen Schuhen, beziehungsweise hatte er sich einen passgenauen Überzug aus grasgrüner Wolle für seine Schuhe gestrickt. Wir waren uns recht sicher, dass er sich die Gamaschen selbst gestrickt hatte, weil wir erst am Morgen einen noch älteren Rastafari auf dem Wochenmarkt beobachtet hatten, der im Schatten saß und an einer Mütze gestrickt hatte, unter der er auch seine eigenen Dreadlocks barg. Das Stricken gehörte vermutlich zu dieser Kultur, wie die Mütze und das Haar. Dachte ich (und fühlte mich dementsprechend bestätigt in meiner Annahme, als ich dann am Abend im Garten des Devon House mit meinem Eis in der Hand auf den Greis mit den grasgrün überstrickten Schuhen traf). Er saß vor einer spanischen Wand, hinter der auf kleinstem Raum ein Soundsystem aufgebaut war. Auf dem Wochenmarkt war es nach der Begegnung mit dem strickenden Rasta noch zu einer weiteren Erleuchtung gekommen, die mich nachhaltig beglückte. Und zwar hatten wir dort durch die große Fensterscheibe einer Filiale von Juicy Patty ein Geschehen auf der Marktstraße beobachten können, das für mich eine Wiederaufführung von der Urszene des Ragamuffin-Stils war. Dort war ein Mann erschienen, der mit einem Mikrofon, das mit einer gnadenlos übersteuerten Anlage verbunden war, seine Ware anpries. Und zwar in einem Stil, der eindeutig als *Toasting* zu bezeichnen war. Bei seiner Ware handelte es sich um Büstenhalter in Übergrößen, gefertigt aus einem künstlich schimmernden Material, das Satin ähnlich sehen sollte. Die Ware schimmerte in sämtlichen Orchideenfarben. Ein Assistent des toastenden Händlers untermalte seinen unendlichen Rap, indem er mit beiden Händen in die Ware griff, um diese mit einer übertrieben dramatischen, man könnte beinahe meinen schwulen Gestik über den in sein Mikrofon schreienden Hauptakteur herabregnen zu lassen. Im Angesicht dieser Szene aus nach den BHs wie nach Dollars oder Schmetterlingen heischenden Frauen, die sich aus den Passantenströmen herauslösten wie sonnenweiche Puzzleteile, der blütenblätterhaft regnenden Unterwäsche made in China, des infernalisch basslastigen Sounds und nicht zuletzt des Patois des Verkäufers kam es in mir zu einer Art lautloser Explosion, woraufhin endlich Licht einfallen durfte durch den allerfeinsten Riss, und das Leuchten hörte nimmermehr auf, bis ich selbst ganz zu Licht geworden war. Und als wir dann einhundertzwei oder neunundachtzig Schritte später vor Augustus Pablos Rockers in der Orange Street saßen und ein blinder Rude boy uns mit ausgewählten Singles aus der Epoche vor dem kometenhaften Einschlag des Kokains in die jamaikanische Musiklandschaft beschallte, war es kein farbiger Faden, nein, es war ein Stadtplan, ein Gewirr aus Straßen, das ich meinem Lebensweg zugrunde liegend fand: von der Fascination Street in die Pleasant Street und von dort aus bis zur Darling Street und danach in die Orange Street, Ecke Jubilee Street ... seltsames Muster. Merkwürdig abstrakt. Aber immerhin überhaupt eines. Immerhinque.

Sanft war die Nacht in den Garten gekommen. Kriechend. Der Garten hatte sie geruhsam eingesaugt. Ganz nebenbei. Alte, schwerreiche Bäume ließ er aus seinem Grund hinter dem Devon House in Kingston wachsen und entstehen. Außer dem besagten Styler waren noch andere Männer mit langen Dreadlocks gekommen. Einige trugen sie wie Luftwurzeln herabhängend oder gebündelt, andere unter den besagten Strickbeutelmützen, einer hatte sein verfilztes Haar in Eryka-Badu-hafte Turbanseide gewickelt. Die Männer lauschten der Musik, die aus der Nische hinter der spanischen Wand zu ihnen drang, und wiegten sich im Takt. Sie ließen dabei Qualm verströmen in diskonebeldicken Schwaden. Kein Traube-Minze, nirgendwo. Einer, der aussah wie der Großvater von Snoop Dog, hatte zusätzlich zum Ganja-Spliff eine Taschenflasche voll Rum dabei. Der Abend lief unter dem Motto einer sogenannten *Conscious Reggae Party*. Der Rastafarianismus hatte ja das gleiche Problem wie sämtliche Jugendbewegungen auf der Welt: Ihm ging der Nachwuchs aus.

Aber dann, wir hatten unsere enormen Eiswaffeln, die bis an die Ränder gestrichen voll gewesen waren mit der allersahnigsten Eiscreme in den Geschmacksrichtungen Rumrosine, Mandelbutter und Kokosnuss, beinahe schon zu Ende gelöffelt, da war einer Epiphanie gleich der japanische Rasta auf der Bildfläche erschienen. Auch er war freilich schon uralt, hatte aber seine Jahresringe in gänzlich unterschiedlicher Weise ausgebildet, sodass jedes einzelne Detail seines Rastafari-Seins nicht wie gewachsen, sondern wie aufwendig eigens für ihn maßgefertigt auf uns wirkte. Zwar trug auch er, dies nur beispielsweise, sein Haar zu dicken Strängen gefilzt, hatte diese aber mit extrem beiläufig wirkender Sorgfalt zu einem Tropenhelm gelegt oder sich legen lassen, dessen Krempe sein wie aus poliertem Holz geschnitztes Gesicht auch jetzt noch, da die Sonne längst untergegangen war, zu beschatten schien. Von seinem Kinn abwärts kräuselte sich der Sfumato eines asiatisch angehauchten Barts, und wie um dem noch zu entsprechen, entnahm der als heiterer Wandersmann aus den Blauen Bergen Auftretende seinem Ränzel eine vertiefte Hackplatte aus Wurzelholz, ein wunderschönes Messer und eine komplex aufgebaute Rauchapparatur, zu der unter anderem ein bauchiger Kleinstkürbis sowie einige Schläuche und Schlote gehörten. Der Großvater von Snoop Dog und der mit dem Turban scharten sich um den Japaner, während der mit seinem Messer eine üppige Portion seines Ganja-Proviants auf dem Hackbrett blättrig schnitt, um das Kraut dann in seiner Kürbis-Bong anzurauchen. Die machte dann einige Male die Runde unter den Rastas, zu denen sich mittlerweile auch noch ein holländisches Paar gesellt hatte, das sich seit nunmehr Jahrzehnten schon in Kingston als Reggae-Promoter niedergelassen hatte. Der Mann zeigte aber trotzdem noch Sonnenbrand. Und generell dürfte der jamaikanische Albino Yellowman der Einzige sein, der trotz aberranter Färbung seine Dreadlocks mit Würde tragen kann. Das Einzige, was uns alle verbinden konnte, war doch unsere Sterblichkeit.

Von der Snack-Bar im Terminalgebäude des Flughafens sah ich auf dem Rollfeld die jamaikanischen Fluglotsen: Sie hatten neongrüne Schallschutzhörer auf und sahen umwerfend damit aus.

Man naht, aber man fernt nicht. Man entfernt sich. Entfernen, ist das dann nicht wiederum eine Form der Näherung? Ich schaute aus dem Fenster und sah lauter *fluffy little clouds.* Darunter lag glitzernd die karibische See. Die Erinnerungen an die vergangenen Tage wurden schon von diesem superhell gewordenen Licht von der Sonne ausgebleicht. Wie eine Serie von Polaroids, die soeben erst belichtet waren.

Wenn ich jetzt sterben müsste, dachte ich, ich stürbe als glücklicher Mann. *I'm not the kind of man who gives up just like that.* Mehr Licht ging nicht. So schlief ich ein.

JOACHIM BESSING, 1971 in Bietigheim-Bissingen geboren, lebt in Frankfurt am Main. Zahlreiche Buchveröffentlichungen, darunter *Tristesse Royale* (Ullstein) und *Untitled* (Kiepenheuer & Witsch). Zuletzt bei Matthes & Seitz Berlin erschienen: *Bonn. Atlantis der BRD*.

CHRISTIAN WERNER, 1977 in Paderborn geboren, lebt in Berlin. Buchveröffentlichungen: *Stillleben BRD* (Kerber, 2016), *Die Blüten der Stadt* (mit Paul-Philipp Hanske, Suhrkamp, 2018). *Bonn. Atlantis der BRD* (mit Joachim Bessing, Matthes & Seitz, 2019) und *Los Angeles* (Korbinian, 2019). Zuletzt erschienen: *Everything so democratic and cool* (Blake & Vargas, 2020).

Erste Auflage Berlin 2021

Göhrener Straße 7, 10437 Berlin
info@matthes-seitz-berlin.de

UMSCHLAG UND SATZ: nach einem Entwurf von Pauline Altmann, Berlin
DRUCK UND BINDUNG: Beltz Grafische Betriebe, Bad Langensalza
ISBN: 978-3-95757-856-3

www.matthes-seitz-berlin.de